反米大統領チャベス

評伝と政治思想

本間圭一　Homma keiichi

高文研

もくじ

第4章 赤色と青色に分断されたベネズエラ

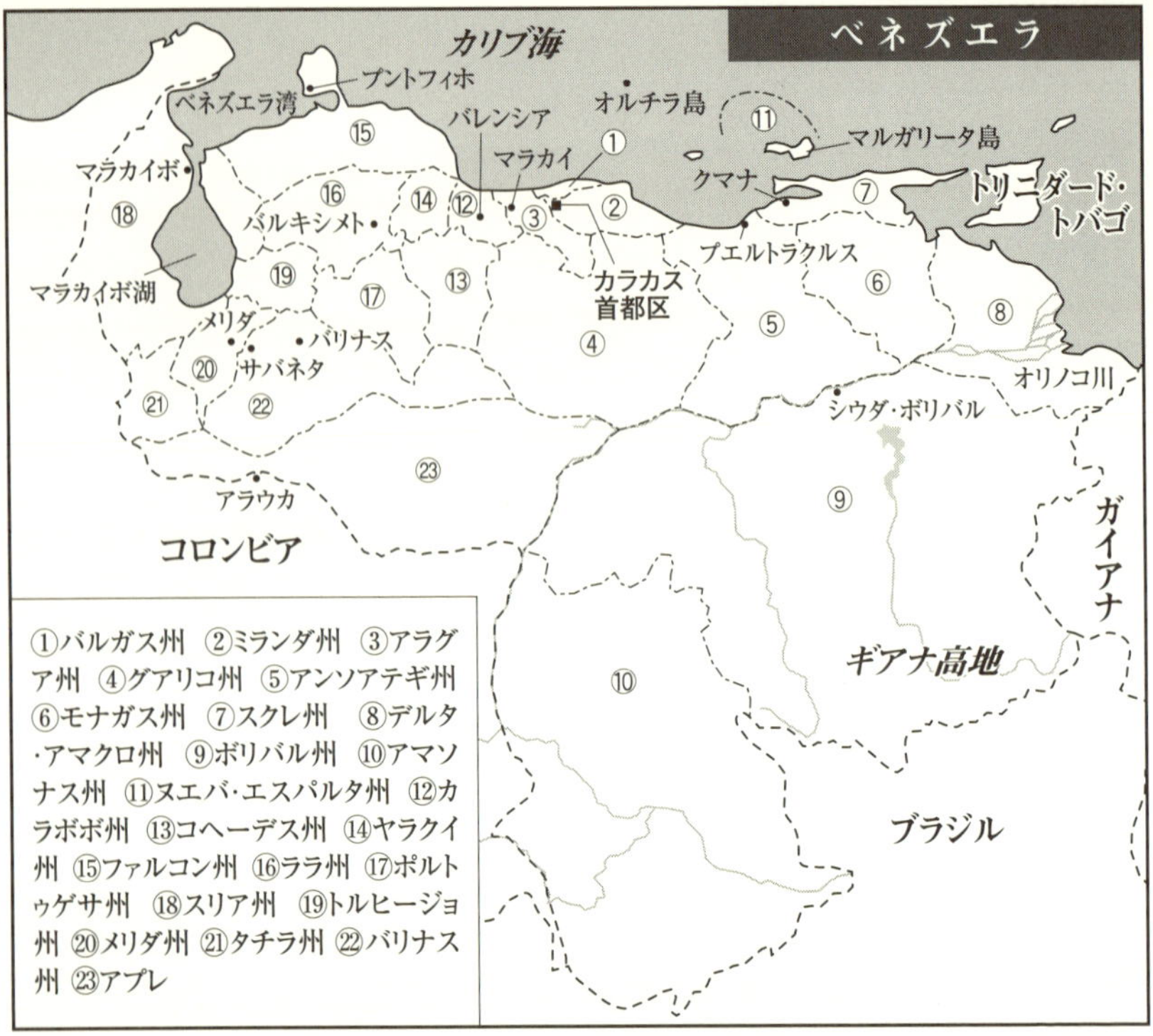
ベネズエラ
カリブ海
プントフィホ
ベネズエラ湾
オルチラ島
バレンシア
マルガリータ島
マラカイ
マラカイボ
クマナ
トリニダード・トバゴ
バルキシメト
プエルトラクルス
マラカイボ湖
カラカス首都区
メリダ
バリナス
サバネタ
オリノコ川
シウダ・ボリバル
アラウカ
コロンビア
ガイアナ
ギアナ高地
ブラジル
①バルガス州 ②ミランダ州 ③アラグア州 ④グアリコ州 ⑤アンソアテギ州 ⑥モナガス州 ⑦スクレ州 ⑧デルタ・アマクロ州 ⑨ボリバル州 ⑩アマソナス州 ⑪ヌエバ・エスパルタ州 ⑫カラボボ州 ⑬コヘーデス州 ⑭ヤラクイ州 ⑮ファルコン州 ⑯ララ州 ⑰ポルトゥゲサ州 ⑱スリア州 ⑲トルヒージョ州 ⑳メリダ州 ㉑タチラ州 ㉒バリナス州 ㉓アプレ

ラテンアメリカの国々
アメリカ合衆国
①ベネズエラ・ボリバル共和国 ②トリニダード・トバゴ共和国 ③ガイアナ協同共和国 ④スリナム共和国 ⑤仏領ギアナ ⑥ブラジル連邦共和国 ⑦ボリビア共和国 ⑧パラグアイ共和国 ⑨ウルグアイ東方共和国 ⑩アルゼンチン共和国 ⑪チリ共和国 ⑫ペルー共和国 ⑬エクアドル共和国 ⑭コロンビア共和国 ⑮メキシコ合衆国 ⑯ベリーズ ⑰グアテマラ共和国 ⑱ホンジュラス共和国 ⑲エルサルバドル共和国 ⑳ニカラグア共和国 ㉑コスタリカ共和国 ㉒パナマ共和国 ㉓キューバ共和国 ㉔ハイチ共和国 ㉕ドミニカ共和国 ㉖ジャマイカ
(アンティグア・バーブーダ、グレナダ、セントビンセントおよびグレナディーン諸島、セントクリストファー・ネーヴィス、セントルシア、ドミニカ国、バハマ国、バルバドスは省略した)

はじめに

ベネズエラは、南米大陸の北端に位置する共和国である。多くの日本人が最初に思い浮かべるのは野球選手だろう。一九七〇年代に黄金時代を築いたプロ野球・阪急ブレーブスの名手ボビー・マルカーノ。最近では、二〇〇二年にホームラン王に輝いた西武ライオンズのアレックス・カブレラや、読売ジャイアンツの主力打者だったロベルト・ペタジーニが代表格だ。

確かに、この国で野原や路地裏を通ると、ボールを投げ、バットを振る腕白少年たちに出会う。米大リーグでの登録選手は四〇人を超え、外国人ではドミニカ共和国に次いで多い。〇六年の国・地域別対抗戦「ワールド・ベースボール・クラシック（ＷＢＣ）」の二次リーグで、キューバに敗れなければ、決勝では日本と対戦していたかもしれない。南米随一の野球王国であることは間違いない。

美しい自然も国外に知られている。国名はもともと、一五世紀末に、新大陸を目指したスペイン人の探険家アロンソ・デ・オヘダが、マラカイボ湖の湖畔に住む先住民を見て、ベネチアを連想したことに由来していると言われる。日本の二・四倍にあたる国土は、カリブ海に面した北部の海岸線、緑色に映える内陸の密林地帯、アンデスの山々からなる南部の高山地帯に分かれる。カリブ海の沖合に浮かぶマルガリータ島は、青い海と白い砂浜が鮮やかなコントラストをなすリゾート地として名高い。国土を西から東に流れる広大なオリノコ川は、ゆっくりと密林や草原をくぐり抜けていく。地上から垂直に伸びる台形状の巨壁が並び立つギアナ高地は世界最後の秘境とも呼ばれ、落差九七九メートルの世界最大級の滝「エンジェルフォール」は多くの観光客を魅了している。

石油資源も豊富だ。二〇世紀初頭、マラカイボの湖畔で油田が見つかり、その後、生産量は年々増加し、カカオやコーヒーに代わる主要産業となった。今や、石油輸出量は世界五位、原油埋蔵量は世界六位とされ、現行の生産量水準を三〇〇年近く維持することが可能だ。石油輸出国機構（OPEC）の加盟国として、世界の原油市場に影響を与えている。国内でも、石油産業は輸出の八割、国家歳入の五割を占め、貴重な外貨獲得源として国家経済を支えている。

ウゴ・チャベス・フリアスはこの国の大統領である。ベネズエラ西部のバリナス州の大自然の中で生まれ育った少年の夢はプロ野球選手だった。成長するにつれ、その関心は、野球から政治に移る。国富である石油収入が一部の富裕層に独占され、その恩恵が一般庶民まで至っていないと考え、社会変革を訴えてクーデターを起こし、失敗後、選挙で大統領を目指した。スペインからの独立の英雄、シモン・ボリバルの名を取った「ボリバル革命」を掲げ、ボリバルの訴えた抑圧からの解放や帝国主義への反抗を信条とする。国内的には社会的格差の是正を目指し、貧困層の教育・医療支援に力を入れ、対外的には、米国型の新自由主義経済（ネオリベラリズム）を富の不均衡の元凶と位置づけ、米国を繰り返し「帝国主義国家」と非難する。

ベネズエラは一六世紀以降、スペイン人による先住民の反乱鎮圧を経て、ボゴタを本拠とするヌ

アビラ山からカラカス市内を望む

エバ・グラナダ副王領、続いてカラカスのベネズエラ総督領に統治された。一九世紀に入り、現地生まれの白人（クリオージョ）がスペイン本国の支配に反発、フランシスコ・デ・ミランダや、それを引き継いだシモン・ボリバルの独立闘争が結実し、一八一一年の独立宣言、ベネズエラ共和国の誕生につながった。共和国はその後、コロンビアやエクアドルなどとグラン・コロンビアを結成したが、ベネズエラは離脱し、その後、一〇〇年にわたり、軍人主体のクーデターが五〇回も起こる混乱が続いた。スペイン人の来航から五〇〇年余に及ぶ歴史は、スペインによる支配確立、軍人主体の政争と独裁政治、それに伴う支配層の固定化に特徴づけられる。

筆者は二〇〇一～〇四年、読売新聞社の南米特派員を務めた。ベネズエラを訪れる時、カリブ海に面した町マイケティアにある「シモン・ボリバル国際空港」からタクシーに乗り、標高九二〇メートルにある首都カラカスに向かう。途中、標高二一六〇メートルのアビラ山を越えるが、山肌にへばりつくようにトタン屋根の簡素な家が密集し、褐色の肌をしたパンツ一枚の子どもが泣き叫んでいる光景が目に入る。車がカラカスに入り、市東部に近づくにつれ、近代的な高層ビルが立ち並び、しゃれたオープンウインドーのカフェで着飾った男女が会話を楽しんでいる。

ホテルまでわずか四〇分の道のりに見た社会的格差の現実。歴史的に封殺されてきた一般民衆や先住民の声を、「革命」の名の下にすくい上げようと訴えるのがチャベスである。日本でも昨今、格差社会の是非が議論の的になっているが、日本とは比較にならない不平等を是正するため、冷戦が終結した現在、急進的で左翼的な改革を進めるチャベスは、中南米ウオッチャーの興味を引きつけてやまない。

事実、チャベスの「革命」は今、野球や観光以上に注目度が高いかもしれない。既得権益の喪失を恐れる富裕層や中産階級はチャベス政権に反発、国内ではチャベス支持者と反対派による暴力や乱闘が相次ぎ、クーデター騒ぎまで起こった。米国も、チャベスを中南米・カリブ海地域で最も忌まわしい指導者と考え、ベネズエラ国内の反政府勢力を支援しているとの報道が流れるほどである。

中南米諸国は一九九〇年代に入り、政治的には民主化が進み、安定期に入ったとも言われるが、チャベスを擁するベネズエラは、左右両派が抗争を続けた六〇、七〇年代に時計の針を巻き戻したかのようである。現在の中南米政界で、政権を獲得する政治家は、左右両派から支持を得るため中道化していると言われるが、チャベスは、中産・富裕層を反対派として敵視し、彼らを罵倒し、階級闘争を仕掛けていく点が実に大胆でもある。

さらに、国外でも、歴代大統領が見せなかった存在感を示している。大統領に就任した時、中南米諸国では、新自由主義の経済政策を採用する親米政権が大半を占めていたが、チャベスは、米国が経済封鎖を続けるキューバのカストロ国家評議会議長と緊密な関係を築き、キューバへの安価な石油供給を実現させた。そして、ペルーやボリビアでの先住民の反乱（注1）、ブラジルでの「土地なし農民運動（ＭＳＴ）」の抗議行動（注2）、アルゼンチンでのピケテロス（道路封鎖運動参加者）の実力行使（注3）など、社会的格差に不満を持つ貧困層主体の運動に理解を示した。

チャベスの対外的影響力を計ることは困難だが、中南米政治は結果的に、チャベスの思惑通りに左派の時代を迎えつつある。ブラジルのルラ・ダシルバ大統領、アルゼンチンのキルチネル大統領、ウルグアイのバスケス大統領、ボリビアのモラレス大統領……チャベスはこうした指導者と連携し、エネルギー供給を軸とした経済的な結束も強めている。見た目には、チャベスの「革命」が国外に輸出され、米国を敵視する動きが南米大陸に広がりを見せている。さらに、石油供給を材料に第三世界をたばね、超大国の米国に対抗しようとするのだから、強面《こわもて》のチャベスは、筆者にとって、注目せずにはいられない国家元首の一人だ。

本書は、ベネズエラの歴史を変え、中南米の政治・経済情勢にも影響を与えようとしているチャベスという政治家の実像に迫ることを狙いとしている。筆者はベネズエラに通算六回足を運び、チャベスを知るさまざまな人と出会い、賛否両論のチャベス論を耳にしてきた。

二〇〇二年八月には、チャベスにインタビューする機会を得たが、その後も、チャベスと接触するため、チャベス周辺の人物と会い、一般には知られていないチャベスの実像を知ることもできた。チャベス本人の回顧に加え、両親をはじめとする周辺の回想、さらに、チリの心理学者マルタ・アルネッカーの書籍や、ベネズエラ大統領府や在ベネズエラ日本大使館がまとめた資料などを参考にしながら、時間軸に沿ってその半生をまとめた。二一世紀に「革命」を訴える一人の男の軌跡をたどることで、中南米の今に少しでも接近する一助となれば幸いである。

なお、文中に登場する人物の敬称は原則として省略した。

（注1）ペルーやボリビアでの先住民の反乱＝ペルーとボリビアは先住民の割合が高く、混血（メスチーソ）も含めると、人口の八割が先住民系とされる。両国では白人が支配階級となってきたが、最近、国営産業の民営化や資源の国外流出に反対する抗議行動を展開するようになった。ボリビアでは二〇〇三年、サンチェス大統領の天然ガスの輸出計画に対するデモ行進が起こり、大統領が辞任、国外脱出に追い込んだ。

（注2）ブラジルの「土地なし農民運動（ＭＳＴ）」の抗議行動＝ＭＳＴは、土地所有形態の是正を目指し、一九八四年に結成された組織。ブラジルは歴史上、宗主国のポルトガル王や系列の貴族が土地を独占、農業人口の一％が農地の半分近くを所有する独占的な土地所有が続いており、ＭＳＴは大地主や政治家が所有する遊休地などを占拠、分配を訴えている。

（注3）アルゼンチンのピケテロス（道路封鎖運動参加者）の実力行使＝路上に石材などを積んで交通を封鎖し、政府の経済・社会政策に抗議する集団。左翼活動家が主体。

第1章

大志を抱いた野球少年

祖母の作った菓子を路上販売

サバネタは西部バリナス州の北部に位置する、人口一万七〇〇〇人余の静かな町である。少し郊外に出るだけで、バナナやトウモロコシ畑が広がり、牛や馬が野原を歩くのどかな光景を目にする。チャベスは一九五四年七月二八日、この町で生まれた。父親は、ウゴ・デロスレイエス・チャベス、母親はエレナ・フリアス、二人ともサバネタ出身だ。チャベスの上は兄のアダンだったため、エレナは女の子を求め、「エバ」という名前まで用意したようである。

一家はもともと、サバネタから四キロの村ロスラストロホスに住んでいた。しかし、村には助産婦がいなかったため、チャベスの出生直前、母方の祖母、ベニタ・フリアスだけを残し、一家はサバネタに引っ越したのだ。チャベスの後、ナルシソ、アニバル、アルヘニス、アデリスが生まれ、チャベスは結局、六人きょうだいの二番目になった。アルヘニスの下にはエンソも生まれたが、生後六カ月で白血病で死去している。出生時、チャベスの人生に影響を与えた要素として大きいのは血統だろう。父親のウゴ・デロスレイエスが、先住民と黒人の血を引いていたからだ。チャベスは、この国の被支配階級の血流を受け継いだ。それは、後の政治思想の形成に大きな役割を果たすのだ。

チャベスは、「ウゴ」や「ウギート」と呼ばれて育った。父親が小学校教師だったため、チャベス家は教育熱心だった。サバネタには教師を尊敬する雰囲気があり、一家は地域の信頼を集めていた

チャベスが少年時代を過ごしたサバネタの街並み

ようだ。母親のエレナは、「私たちは一生懸命働いた。言われているほど貧しくはなく、食べるものもあった」と語っているが、チャベスは、自宅が椰子の木や泥の壁でできていたことを挙げ、「貧しかった」と振り返っている。

チャベスは、「フリアン・ピノ・デ・サバネタ初等学校」に通った。当時、サバネタにある唯一の小学校で、開校したのは、チャベスが四歳の時の一九五八年だった。自宅から歩いて五分の学校は二階建てで、子どもたちはみな顔見知りだ。授業が終わると、友達と野球をして、帰宅後に宿題をするという日課だった。

チャベスより三歳年上で、同じ小学校に通ったアルフレド・アルダナは、「ウゴは、落ち着きがなく、いつも動いていました。はっきりと物を言う性格で、友達も多かったです」と振り返っている。例えば、授業の合間に三〇分の休み時間があったが、チャベスは休むことなく、校庭を走り回り、授業中でも手を挙げてよく発言した。チャベスが四年生と六年生の時に担任教師だったハシント・ラファエル・シルバも、「とても活発な子だった」と回想する。母エレナによると、きょうだいケンカも旺盛で、ときどき、「静かにしろ」と口論になったり、平手打ちをしたこともあった。

チャベスは、学校の勉強もよくできた。クラスでの成績はいつもトップクラスだった。特に、ベネズエラの歴史や地理が得意だったようだ。母エレナによると、テストでは、二〇点満点で常に一九点以上を取っていたという。チャベスの担任を務めたシルバの評価では、チャベスは約四〇人のクラスの中で、簡単に物事を理解できる記憶力を持っていた。父ウゴ・デロスレイエスが自宅で熱心に教えたことも影響したと言われている。そして、後の読書好きもその片鱗が少年時代から現れている。チャベスは八歳の時、買ってもらった百科事典を読む生活を送っている。母方の祖母ベニタ・フリアスが住む村ロスラストロホスには当時、日没後も二時間は点灯する電灯があり、チャベスは読書をするため、ロバに乗って村に向かったという話も残っている。

チャベスの育ての親となるのは、父方の祖母、ロサ・イネスである。二度目の結婚で、チャベスの父ウゴ・デロスレイエスを産んだが、夫には逃げられ、女手一つで子どもを育てた苦労人である。ロサ・イネスはチャベス家から一区画先の家に住んでおり、父親のウゴ・デロスレイエスによると、一人暮らしの寂しさを感じないように、チャベスと兄のアダンを祖母宅に住まわせたのだ。

チャベスが「世界一の祖母」と尊敬するロサ・イネスは、雑誌を使ってチャベスに読み書きを教

父のウゴ・デロスレイエス・チャベスと母のエレナ・フリアス

え、畑仕事でトウモロコシの栽培も任せた。チャベスは九歳になると、学校や路上で菓子や果物を売った。貧しい家計を助けるためとされているが、母エレナは、ロサ・イネスが自由になるお金が必要だったからと説明している。ロサ・イネスがパパイヤでできた飴やキャラメルを作り、チャベスと兄のアダンが、授業の合間などに毎日一時間半～二時間かけて売った。稼ぎは一日に一～二ボリバル程度で、すべて祖母に渡していた。学校でキャラメルを女子児童にあげて、家に帰ると、キャラメルが少なくなっていたため、祖母から怒られたこともあった。それでも、祖母はときどき、チャベスが映画に行ったり、冷たい飲み物を買う小遣いを渡した。チャベスは、ロサ・イネスから「花の前で歌うと花が美しく咲くよ」と言われ、植物に水をやりながら歌を歌ったが、後に歌好きとなるのは、少年時代のこの体験が影響しているのかもしれない。

サバネタのチャベスの生家跡。現在は建て直されて地域の集会所として使われている。

当時、子どもたちの人気スポーツは野球とバレーボールだった。サバネタの少年も野球に明け暮れた。チャベスもその一人で、友達と遊ぶ時は、いつも野球、そして、いつも投手だった。学校が終わると、ほとんど毎日、空き地に飛び出し、日暮れまで約二時間、ゴムで作ったボールや、棒きれや箒の柄で作ったバットで野球をした。特に学校のない週末は、朝から晩まで野球に明け暮れ、お腹がすくと、マンゴを食べていた。チャベスのチームは、「ケンタウロス（半人半馬の怪物）」という名前で、小学校の先生が監督を引き受けることが多かった。コーチも審判もいなかったが、週末には練習試合が行われ、たまに別の学校と試合をすることもあった。

チームの中で背が一番高かったチャベスは、リーダー的な存在だった。チャベスと一緒に野球をしたペドロ・カレニョ国会議員も、「チャベスはいつも投手だったよ。そして、監督みたいな存在だったよ」

集会所の内部

と振り返る。カレニョによれば、チャベスはよく、「ボールを取れ」「ボールを落とすな」「もっと早く走れ」「もっと力を入れて握れ」とチームメートに指示していたという。だから、チームメートが簡単なボールを取りそこねると、怒ることもあった。チャベスのリーダーとしての性格がうかがい知れる。

サバネタに住む少年たちにとって、政治など思いも寄らない世界だったが、チャベスが八歳の時、野球の後、祖母の家の中庭にあった水道の蛇口で手を洗っていた時、チームメートだった母方のいとこのアドリアン・フリアスに、「俺が大統領になったら、この水道をもっと良くしてあげる」と豪語した。フリアスは当時を振り返り、「ウゴはいつも、『大きくなったら……』とか『大統領になったら……』とか言っていた」と語っている。これは真実のようだ。

同じ小学校に通った友人のアルフレド・アルダナも、チャベスが一〇歳の時、野球を終え、泉で水を飲んでいた時、「俺が大統領になったら、（水をこす）フィルターをここに送るからな」と語っていたのを覚えている。

ところで、両親はこのころからチャベスの将来を考えていたようだ。教育熱心な母エレナは六人の子どものうち三人は医者、司祭、軍人になることを望んだ。チャベスについては、自分の母親の薦めもあり、主任司祭になることを求めた。だから、チャベスは、母親の指示で、地域の教区教会「ヌエストロ・セニョーラ・デル・ロサリオ」で、司祭を補助する侍者を務めた。聖書をそらんじる能力を披露し、教会の鐘の鳴らし方が上手で有名になったが、結局、母親の望み通りの道には進まなかった。敬虔なカトリック教徒の母エレナが、「ウゴ、お前のように女好きな男が、（結婚できない）司祭になれるかい」と聞くと、チャベスは「司祭にはならない。手伝うだけさ」と返したという。

一家は、チャベスが初等学校六年を終えた時、バリナスに引っ越した。サバネタには中等学校がなかったためだ。教育熱心な両親は、子どもたちの就学を考えて、家を引き払った。サバネタの家は今も残っているが、ライトブルーのペンキを塗ったコンクリート造りの平屋建てに建て直されていた。現在は、近所の子どもたちの勉強場所や、チャベス支持者の集会に使われている。内壁には、チャベスの写真が飾られ、支持者の役割を定めた組織図も張られていた。キューバ革命の英雄、エルネスト・チェ・ゲバラがフィデル・カストロ国家評議会議長に残した言葉「勝利まで、いつも」の言葉も書かれていた。政治を語らなかった家は今、政治一色に覆われている感じだった。

野球と読書のバリナス時代

バリナスは、ベネズエラ西部バリナス州の州都だ。サバネタから車で一時間。現在の人口は五〇万人を超え、州人口の半数以上がこの街で暮らす。街の中央には、ボリバル広場があり、馬に乗った祖国解放の英雄シモン・ボリバルの銅像が建っている。

チャベスが中等学校二年の時、一家はこの街に引っ越した。母親のエレナが、父親のウゴ・デロスレイエスに「子どもたちはサバネタでは勉強できないから、バリナスに行きましょう」と提案し、教師だった父親がこれを受け入れたのだ。知り合いだった銀行幹部に家を探してもらい、市南部のカラボボ通りにある平屋建ての簡素な一軒家に居を構えることにした。チャベスは一六歳の時、陸軍士官学校に入校するまで、六年間をバリナスで生活することになる。

自宅の建物には、三つの部屋に、トイレが二カ所、玄関を通って部屋を抜けると、簡素な庭もある。チャベスは自宅では、宿題をして、ラジオを聞くことが多かった。当時はテレビがなかったため、ラジオ番組で小説を聞くのがチャベスのお気に入りだった。週末になると、祖母のロサ・イネスが庭に果樹園を持っていたので、チャベスは、果樹園に水をやって、実がなったら、それを摘んだ。バリナスでのチャベスは、親に反抗することもなくなった。母エレナは、「主人にも私にも、反抗することがありませんでした」と胸を張った。両親によると、チャベスは外でもけんかをするこ

チャベスが住んでいたバリナスの家

とはなかったようである。

チャベスが通った学校は、州知事庁舎から歩いて五分にある「オレリー中等学校」だ。現在は、白いペンキが塗られて鉄筋二階建ての造りになっている。守衛のヒルベルト・カサによると、チャベスが大統領就任後、半ば放置されていた学校が改装された。中央の庭を囲むように四角形に建てられた校舎には、教室が一六室、それに図書館、実験室、体育館も完備されていた。チャベスの在学当時、授業は、朝に始まる日もあれば、午後から始まる日もあった。

父ウゴ・デロスレイエスによると、中等学校でもチャベスの成績は良く、友人や教師から親しまれていた。成績優秀だった理由について、母エレナは、「ウゴは小さい時から勉強する癖がついていたのだと思います」と語る。チャベスは二歳か三歳の時、口には哺乳瓶をつけながら、教師だった

チャベスが通った「オレリー中等学校」

父の野外授業に連れて行かれた。少し大きくなると、父は自宅に黒板を作り、チョークを使って、子どもたちに勉強を教え、チャベスもチョークを持ち、黒板に書かれた問題に挑んだ。チャベスはバリナスでも、歴史の本を好み、父は、チャベスが求める本はすべて買い与え、結局、「ウゴが何冊読んだかはよく分からない」（エレナ）ほどだった。

バリナスに移ってからも、チャベスの野球熱は冷めなかった。チャベスが住んでいたカラボボ通りから、二ブロック離れた所に四〇〇メートルのトラックが一つ取れるような広場「ウルバニザジョン・マノエル・パラシオス・ファハルド」がある。現在は、サッカー場となっているが、昔は雑草が生える野原に過ぎなかった。チャベスはここで野球をプレーし、投手を務め、ときどきは一塁も守った。バッターとしての素質もあり、よくホームラ

バリナス時代、チャベス少年が夢中になって野球をした広場「ウルバニザジョン・マノエル・パラシオス・ファハルド」。写真を撮っていたら、少年たちが集まってきた。

ンを打った。チャベスの夢はプロ野球選手に変わっていた。

中央政界では一九六〇年代、民主行動党のロムロ・ベタンクール、ラウル・レオニが相次いで政権を担った。ベネズエラでは、五九年のキューバ革命に対する共感が広がっていたが、ベタンクール政権はキューバと断交し、国内で左右両派が議論を加熱させていた。

しかし、サバネタ、バリナス時代の一六年間、チャベスと政治との接点はほとんど見られない。この時期だけを見ると、チャベスが後に政治の道に突き進むことになるとは考え難い。しかしその点について、母エレナは、「ウゴはマイサンタの血を引いていますから」と語っている。マイサンタとは、チャベスの母方の曽祖父、ペドロ・ペレス・デルガノを指す。デルガノは、大柄なモレノ（褐色の混血）の父親と、白人の母親の間に生まれたと言われ、三〇年近い独裁政権を続けたファアン・ビセンテ・ゴメス大統領に対抗する農民運動を指導した。チャベスによれば、一九二〇年に反乱を起こし、民衆を弾圧した知事を処刑、投獄され、最後は獄死した。サバネタの住民によると、サバネタの村長を五〜六年務め、大統領を目指したが、ゴメス大統領との確執から、武器を取り、山に立てこもったという。母エレナは、ウゴ少年にその偉大な祖先の武勇伝を何度も聞かせていた。

チャベスは後に、陸軍士官学校を卒業後、デルガノの伝記を書くため、現地調査でコロンビア国境のアラウカ橋に出向いたこともあった。その際、コロンビアの国境警備隊に拘束され、スパイの容疑をかけられたが、シモン・ボリバルがベネズエラ、コロンビア両国をスペインから解放したことを挙げ、警備隊長にスパイでないことを強調し、解放されたことがあった。

また、大統領となったチャベスは記者会見で、記者たちに「マイサンタ、最後の馬上の人」と題する冊子を配布している。その中には、馬に乗ったマイサンタが「正義」のために命を落とすまでの軌跡が描かれている。プロ野球選手を目指した少年にも、祖先から受け継いだ熱い政治の血が流れていたのだ。

ところで、チャベスがバリナスで過ごした自宅は現在、チャベスの叔母エネイダ・フリアスの一家五人が住む。玄関前には、青色の鉄格子が組まれ、屋根の高さまで伸び、不審者が中に入れないような構造になっていた。昼間でも、家人が外出する時には、心配そうに周囲を見回していた。

実は、チャベスは今でも、休暇をバリナスで過ごすことが多い。ベネズエラでは、家族が集まっ

父のウゴ・デロスレイエス・チャベスが知事をつとめるバリナス州庁舎

て年越しをするが、チャベスはこの時期、バリナス入りする。エネイダの二女、アルベンスは、大晦日にチャベスと会う。

「大きくなったなぁ。元気か、アルベンス」

チャベスは、一年ぶりに会う家族に声をかける。アルベンスは「私のことはいつも気にかけてくれるわ。私はウゴが大好き」とあどけない表情で語った。

チャベスはまた、バリナスを訪れる際に、オレリー中等学校の前を必ず通る。守衛のアレキシ・ロドリゲスによると、チャベスが校舎内にまで入るのはごくまれだが、学校の前を通るたびに、「変わっていないな」と懐かしむという。チャベスにとって、バリナスはなにものにも代え難い故郷のようだ。

バリナスでは今、父親のウゴ・デロスレイエスが州知事を務めている。だから、州都バリナスには、チャベスのポスターも目立つ。チャベスが両親と三人で一緒に並んだ写真もあり、州庁舎内などに張られていた。二〇〇四年には、「婦人・小児科病院」が新築され、開院した。庶民に対する医療の充実を掲げるチャベスが、地元バリナスで事業を実現させたものだ。

社会矛盾に目覚めた陸軍士官学校生

首都カラカスに国軍本部「フエルテ・ティウナ」がある。その広大な敷地内を歩くと、三階建ての白塗りの建物が目に入る。正面入り口には「ベネズエラ士官学校」と書かれている。正面前には、シモン・ボリバルの肖像画、入り口右側には、ボリバルの言葉が掲げられている。さらに中に入ると、中庭に学校の創設者ら五人の銅像が整然と並んでいた。士官候補生は五年間の学校生活のうち、最初の一年間は北部マラカイで学び、残りをフエルテ・ティウナで過ごす。現在、約一〇〇〇人がここに在学している。この学校で、チャベスの人生は大きく動き出すことになる。

チャベスの父親ウゴ・デロスレイエスは、チャベスが中等学校を終えようとしている時、「息子の野球好きに心配していました」と振り返る。チャベスは、ベネズエラの著名な野球選手、ポペヨ・ハラミジョにあこがれ、プロ野球選手を夢見ていたからだ。だから、チャベスが陸軍士官学校進学に登録したと聞いた時、耳を疑った。チャベスは父親に一度も、「軍人になりたい」と言ったことはなかったのだ。父デロスレイエスがチャベスにその理由を尋ねると、返ってきた言葉は、「パパ、僕

カラカスの国軍本部「フエルテ・ティウナ」敷地内にあるベネズエラ士官学校
（写真提供／Agencia Bolivariana de Noticias-ABN）

が軍に行くのは祖国のために自分を捧げたいから。国の兵士、つまり愛国心に満ちた兵士になるためです」だった。その言葉を聞き、デロスレイエスは、チャベスの士官学校登録を認めたのだが、真相は異なるようだ。

チャベスの頭には、野球しかなかったというのが周囲の共通認識だ。西部の都市メリダの大学への進学を勧めた母親のエレナに対し、チャベスは「カラカスに行きたい。プロ野球選手になる近道だから」と語っている。メリダには野球の強い学校がなく、有名選手が集まる士官学校への進学を決意したことを後に本人も認めている。友人のアルフレド・アルダナには士官学校への進学について、「ベネズエラのプロ野球チームに入るのに一番良いと思ったからだ」と語っていた。

一六歳のチャベスは一九七〇年、陸軍士官学校に入学した。国旗への宣誓、司祭のスピーチ……、神妙な面もちで入校式に臨むウゴ少年を目にし、式典に出席したウゴ・デロスレイエスは、ほかの親たちと同様、涙をこぼした。「子どもを軍に引き渡すことになったから」だった。入校後、チャベスはすぐ野球部に入った。最初の一年間は、プロ野球選手を目指し、練習や試合に励む毎日が続いたのだ。

しかし、二年目に入ると、チャベスの生活も徐々に変化していく。チャベスと同じ士官候補生で、同じ寄宿舎だったアルシデス・ロンドンは、「時間がたつうちに、勉強が大変になり、野球をする時間がなくなった」と証言している。士官候補生は入学時で約二〇〇人。朝五時半に起床し、体操を行い、授業を受けた後、正午に昼食、午後もスポーツと授業を受け、夜八時に夕食、九時半には就寝という規則正しい生活だった。成績の悪い候補生は次々に脱落、最終学年には五〇人にまでふるい落とされるという厳しさだった。緑色の軍服と青色の縁なし帽子姿だったチャベスも、勉強の時間が必要となり、次第に野球とは疎遠になる生活を強いられる。士官候補生は当時、入学と同時に中等教育課程修了と見なされたため、授業は大学並みのレベルで進められたのだ。チャベスは最初、数学に興味を持ち、それから、歴史や地理にも関心を抱いたが、軍事理論や政治学も学んだ。

こうした勉学の過程で、チャベスはさまざまな出会いを経験することになる。その中で、チャベス自身が興味を持ったのは、中華人民共和国を建国した毛沢東だった。毛沢東はチャベスが初めて接した左派の歴史的な人物だった。これは、ベネズエラ革命党の活動に励んでいた兄アダンの影響とも言われるが、チャベス自身は「兄の影響は間接的だった。兄はメリダで勉強していて、会うことがほとんどなかったからだ」と述べている。

チャベスは毛沢東に関する本を読みあさり、そして一つの理論を知る。戦争には変化するさまざまな要素があり、勝利のためにその要素を計算する必要があるということだった。毛沢東によると、変化する要素の一つが徳で、この徳が戦争の結果に決定的な影響を与える。「戦争で大切なのは、武器や装備ではなく、人である」という思想はチャベスを引きつけた。「持久戦論」の中で、「人民は水であり、軍人はその中を泳ぐ魚である」と主張し、民衆とゲリラの関係を水と魚にたとえた毛沢東の教えはチャベスの心をとらえた。チャベスは当時を振り返り、「私はこの言葉に共感し、これを実践しようとした。つまり、市民と軍の視点、民衆と軍との間の緊密な関係が存在しなければならないと考えた」と話している。

チャベスは毛沢東以外にも、読書を重ねた。「戦争論」を執筆したクラウゼヴィッツや、欧州に大版図を築いたナポレオンらだ。軍事史と軍事哲学に詳しい名物教授、ハシント・ペレス・アルカイ博士の講義には必ず出席した。軍事学の必修科目として憲法も学び、民主主義を防衛することを学んだ。マルクス・レーニン主義を知ったのも、この士官学校だった。さらに、一五～一六世紀、スペイン人神父として、スペインによる先住民支配を糾弾したバルトロメ・デ・ラスカサスに関する書籍も読み、チャベスは自身の祖先がスペイン人によって殺害された歴史に怒りを覚えていく。

チャベスがプロ野球選手の夢を断念したのは、勉学が忙しく、またそれに興味が移ったからだと言われる。母エレナは「授業に興味を持って、それで野球をあきらめたのだと思う」と語っている。

実際、チャベスの学業成績は良好で、常にトップ一〇に入っていた。在学中に階級も昇進したが、それは成績優秀な将校に与えられるものだった。チャベスは、部隊を指揮する役割も与えられ、次第にリーダーとしての立場も経験していった。

だが、チャベスがそこから政治に興味を持ち始めたわけではない。同じクラスだったロンドンによると、士官学校で政治的な議論は禁じられていたが、仮にそれが可能だったとしても、当時のチャベスには、政治への不満や社会改革を訴える「反逆者」的な要素は皆無だったという。チャベスが一九歳だった一九七四年三月、民主行動党のカルロス・アンドレス・ペレス大統領は石油国有化を発表したが、それを議論することはあっても、あくまでも友人同士の会話の延長に過ぎなかった。実際、チャベスはどこにでもいる一〇代の少年だった。チャベスの幼なじみで後に国会議員となったペドロ・カレニョによると、チャベスは休日になると、カラカスの友人宅でパーティーをしたり、映画を見に行ったりした。恋人もいたようで、政治活動に没頭した形跡は見られない。

こうした中、チャベスの将来に影響を与える事態が相次いで起こった。初めは、パナマの指導者、オマル・トリホスの息子が士官学校を訪れたことだった。チャベスはこの訪問がきっかけで、トリホスが一九六八年にクーデターを決行し、その後、パナマの実質的な指導者となり、反米、反資本主義の立場から、労働者や農民の支持を結集し、土地改革を断行したことを知った。トリホスの息子はチャベスに、農民と一緒に映ったトリホスの写真を見せたが、チャベスは「トリホスは小さい時から農民と一緒に生きてきたのだ」と感銘を受けた。チャベスはその時以来、「トリヒスタ（トリホス支持者）」になったようだ。

さらに、チャベスの心を揺さぶったのが、七三年九月一一日にチリで起こった軍事クーデターだった。七〇年の選挙で勝利した社共連合のサルバドル・アジェンデ政権は、南米初の合法的な「革命政権」と呼ばれた。銅山の国有化や農地解放など急進的な改革を進めたが、これに危機感を持ったアウグスト・ピノチェト陸軍司令官が、米国の協力を得て、クーデターを決行したのだ。アジェンデはこの日、首都サンティアゴの大統領官邸「モネダ宮」にこもり、ピノチェトの退去命令に応じず、ラジオで「共和国万歳」を叫んだ。その後、空爆を受け、火の手が上がるモネダ宮の中で、アジェンデはピストルで自決した。

この時、士官学校三年で一九歳だったチャベスは、アジェンデの壮絶な最期を知り、「民主的に選ばれたアジェンデが、なぜ殺害されなければならないのか」と怒りを覚えていた。しかしチャベスには、このクーデターに関連した「試練」が待ち受けていた。チャベスはクーデター前月の八月から、射撃訓練や軍の法・規則を学ぶという訓練を受けていたが、訓練生の中に、後にチャベス政権で副大統領となるホセビセンテ・ランヘルの息子、ホセビセンテ・ランヘル・アバロスという一七歳の少年がいた。ランヘルはこの時期、「社会主義運動」「左派革命運動」「ベネズエラ共産党」といった左派勢力に支持された大統領候補だった。ベネズエラでも当時、左翼主義政権樹立を掲げるゲリラ勢力が活動し、軍内部では組織内での共産主義の拡大に目を光らせていた。ランヘルの息子だったアバロスは真っ先に共産主義者との疑いをかけられ、チャベスがアバロスの監視を命じられたのだ。

チャベスは、軍幹部から、アバロスの評価を下げる適当な理由を探すよう命じられたが、アバロスが優秀な学生で、狙撃の技術も優れていたため、チャベスは命令を聞き入れなかった。チャベスは後に、「アジェンデの政治思想に共鳴していた」と語っているが、チリの政治情勢をそのままベネズエラにあてはめ、仮にランヘルが大統領選で勝利した場合、「我々の軍隊がランヘルを倒すクーデターを実行しなければならないのか」と自問していたのだ。

翌一九七四年、二〇歳になったチャベスは、ペルー南部アヤクチョを訪れる機会に恵まれた。アヤクチョは一八二四年、シモン・ボリバルに率いられた軍が、スペイン軍を破り、ペルーを解放に導いた「アヤクチョの戦い」（注1）の舞台だ。戦いから一五〇周年を記念する行事に出席するため、士官学校代表団の一員に選ばれたのだ。チャベスは、滅多にない外国訪問に「ペルーでの生活にわくわくしたものだった」と振り返っている。

チャベスのペルー訪問で、最も大きな意味を持ったのは、ペルー大統領、ファン・ベラスコ・アルバラドとの出会いだった。ベラスコは陸軍司令官だった六八年、油田開発で国際資本と結託し、国民的批判を受けていたベラウンデ政権に対するクーデターを決行、その後、実権を掌握した。ベラスコは、米系資本に反旗を翻し、農地解放法に基づき大地主から農地を接収して農民に解放、さらに、識字運動を進め、先住民のケチュア語を第二公用語とする「インカ計画」を立案し、国民的な人気が高かった。ベラスコは、アヤクチョを訪れたチャベスら士官候補生を夕食に招き、「インカ計画」の必要性や「革命」の進行状況を滔々と訴えた。最後に、自らの政治姿勢を記した小型の手帳をチャベスらにプレゼントした。チャベスは「気さくで民衆的な大統領に感銘を受けた」と語っており、その後、自ら主導した一九九二年二月四日のクーデターまでこの手帳を持ち続けた。

また、チャベスはこの訪問の機会を利用し、ペルーの若い軍人とも話し合い、すっかり「ベラスキスタ（ベラスコ支持者）」となっていた。チャベスは後に、マルクス主義を信奉したチリの心理学者マルタ・アルネッカーから長時間のインタビューを受けたが、その中で、この時期の体験について、「軍人とは何のために存在するのか、何のために政府に仕えるのか、軍人はピノチェトのような独裁者のためにあるのか、それともベラスコやトリホスのような民衆の側にある政府のためにあるのか、と自分に問いただしたものだ」と語っている。そして、「クーデターは民衆を殺戮するためでなく、社会に奉仕するためにある」と確信していた。

七〇年代は、中南米諸国で軍政と左翼勢力がしのぎを削った時代だ。トリホス、アジェンデ、ピノチェト、ベラスコ……ベネズエラ国外で起こる事件や人物を通して、チャベスは次第に社会の矛盾や政治の腐敗に目覚めていった。

〝祖国独立の父〟シモン・ボリバル

ベネズエラは、シモン・ボリバルの名前が至る所にあふれる国である。街の中心部にあるのは「ボリバル広場」だ。広場中央には、シモン・ボリバルの騎馬像が建つ。東部の村アンゴストゥラは一九世紀中盤、シウダ・ボリバル（ボリバルの街）と呼ばれるようになった。ボリバルが一八一九年、この地にベネズエラ、コロンビア、エクアドルなどの代表を集めた「アンゴストゥラ国会」を開き、七カ国（一部も含む）にまたがる「グラン・コロンビア（大コロンビア共和国）」を誕生させたことを記念したのだ。

首都カラカスでも、ボリバルの存在を感じずにはいられない。西部にある「ボリバル広場」から三分も歩くと、石で敷き詰められた「石の通り」に出る。この通りに高さ一〇メートルもありそうな巨石がそびえ立つ。「自然と対峙するなら、自然と闘い、自然を従わせよう」。一八一二年三月にベネズエラを襲った地震で、ボリバルが語ったとされる言葉だ。地震の被害からはい上がろうとする市民への呼びかけと見られる。

巨大な石像を少し歩くと、ボリバル美術館に行き当たる。もともとは生家の一部だったが、現在はボリバルの遺品や一九世紀初頭当時の生活のようすがうかがえる。一階部分には、当時の地球儀、いす、カラカスの地図がある。さらに、二階に上ると、スペインとの戦争で使ったと見られるサーベル、槍、鉄砲が並び、「アヤクチョの勝者、ペルーを解放」と書かれた旗も展示されている。

シモン・ボリバル
（写真提供／Agencia Bolivariana de Noticias-ABN）

この美術館の隣りにあるのが、ボリバルの生家だ。スペ

シウダ・ボリバルにある「アンゴストゥラ国会」が開催された建物

イン人の血を引くボリバルは、生まれてから九歳までこの家で過ごした。両親を早くに亡くしたが、乳母イポンテに愛情をもって育てられ、家庭教師シモン・ロドリゲスから勉強を教わった。

白塗りの巨石で造られた建物の入り口には、「一七八三年七月二四日、シモン・ボリバルはこの家で生まれた」と刻まれている。左右二方向に伸びる長い廊下は、左側が女性、右側が男性の寝室になっていた。左側の廊下には、ボリバルがマリア・テレサと結婚した時の巨大な肖像画が掲げられている。「戦いの回廊」と呼ばれる右側の廊下には、巨大な戦争の絵が四枚掲げられている。このほかにも、クローゼット、簡素な教会、食堂など全一四室に及ぶ。ボリバルが使ったとされるベッドの前には人だかりができていた。

パーティー用の部屋の入り口には、「祖国のためにすべてを捨てても何も失うことはない、それどころか、捧げたことのすべてを得るのだ」というボリバルの言葉が掲げられていた。入場が無料ということもあり、ベネズエラ人の出入りは絶えることがない。

この国でボリバルが存在感を示すのは、ベネズエラ国民がボリバルの功績を大きく評価しているためだ。ベネズエラはもともと、東部ガイアナや南部アマゾン地帯を中心に先住民が生活する地域だった。地域の姿が一変するのは、一五世紀末以降、スペイン人の移住が始まってからだ。ベネズエラは南米におけるスペイン人の本格的な入植地となり、スペインのヌエバ・グラナダ副王領に編入された。抵抗する先住民は殺戮され、農場の労働力として黒人が連行されてきた。現地生まれの白人（クリオージョ）が、スペイン王家の承認を得る形で農村を支配、先住民や黒人の血を引く有色人種が労働力として酷使されるという階層構造ができ上がった。こうした社会構造に風穴を開けようとしたのがボリバルだった。

ボリバルは一五歳で軍隊に入り、その後、留学のためスペインへ渡った。さらに、一八〇二年にはフランスへ渡る。そこで、自由・平等・博愛を掲げたフランス革命の精神を学んだ。その後、スペインに戻り、最初のスペイン渡航の際に出会ったマリア・テレサと結婚。しかし、一年後にマリアが死亡すると、ボリバルは一八〇六年、ベネズエラに戻り、祖国独立の運動に突き進むことになる。フランシスコ・デ・ミランダ将軍（注2）の独立闘争が苦戦を強いられていた時、ボリバルは義勇兵を集めて独立戦争に参加した。

一八一一年七月、ベネズエラは独立を宣言する。しかし、その後の戦いでスペイン軍に敗北し、

カラカス市内にあるシモン・ボリバルの生家

ベネズエラは再びスペイン軍の手に落ち、ボリバルは一時、キューバに逃れた。態勢を立て直したボリバルはキューバからコロンビアに向かい、ヌエバ・グラナダ独立政権を樹立。そこから、ベネズエラに再び進攻し、一八一三年八月、カラカスでベネズエラ共和国の復活を宣言、自ら大統領となった。しかし、スペインはヌエバ・グラナダ鎮圧に乗り出し、敗れたボリバルはハイチに逃れた。

一八一九年、捲土重来《けんどちょうらい》を期したボリバルは、八月のボヤカの戦い（注3）でスペイン軍を破り、同年一二月、スペイン軍と講和を結んだ。それにより、ボリバルはベネズエラ、コロンビア、エクアドルを統合したグラン・コロンビア（大コロンビア共和国）を樹立した。

ボリバルはカラボボの戦い（注4）などの独立戦争で勝利して支配を確実にし、中南米を植民地支配から解き放つという夢の実現に突き進む。そ

ボリバルの生家。巨大な戦争画がかけられている。

の意を受けたボリバルの腹心アントニオ・ホセ・デ・スクレ（注5）は一八二二年、エクアドルを解放。さらに、ボリバル自身も、ペルーに赴き、アヤクチョの戦いでスペイン軍を撃退した。

しかし、ボリバルは一八三〇年、結核を患い、コロンビア北部サンタマルタで死去。四七歳だった。ボリバルの遺骨は現在、カラカスの国立霊廟（パンテオン・ナシオナル）の正面奥の棺にある。ボリバルは「中南米解放の父」とも言われるだけに、コロンビアの首都ボゴタにも、ダイニング、台所、ベッドがそのまま保存されている「ボリバル邸」がある。

チャベスの政治経歴に決定的な影響を与えたのが、このボリバルだった。もちろん、少年時代から、「祖国独立の父」と言われる歴史的人物の名前は知っていた。サバネタの中央広場にも、ボリバルの銅像が建ち、「愛国の父」の碑が刻まれていた。

シウダ・ボリバルにあるボリバル像

しかし、その生涯や政治信条をつぶさに知ったのは、陸軍士官学校でボリバルの歴史を詳しく勉強してからだった。チャベスは、ボリバルの伝記を読みあさった。そして、ボリバルの演説をすべて暗唱できるまでになっていた。

ベネズエラではボリバルの死後、クリオージョ（現地生まれの白人）による大土地所有制は残存し、軍人によるクーデターが五〇回前後（！）も起こった。クリオージョの支配を受ける民衆は、戦乱の犠牲となってきた。一九五八年以降、民主行動党とキリスト教社会党の二大政党が交代で政権を担う「プント・フィホ体制」が始まった。プント・フィホとは、ベネズエラ湾に面したリゾート地の名称だが、キリスト教社会党のラファエル・カルデラ元大統領の自宅の名称でもあった。二大政党と民主共和同盟を含む主要三党は、カルデラの自宅で政策合意文書の署名を取り交わしたため、この名前がつい

貧民地区・ランチョの家並み（※）

た。チャベスが大統領に就任するまでの四〇年余、プント・フィホ体制下では、一時期を除けば原則として対米協調路線が堅持されていた。

この米資本と結託した寡頭勢力が支配構造を固定化させたことにより、石油の富は彼らに独占され、国民の半分以上が貧民層という現実を生み出している、とチャベスは考えた。陸軍士官学校に入学するため、初めて首都カラカスに来ると、高級車を乗り回し、高級レストランで食事する石油実業家を目にした。と同時に、サバネタやバリナスで貧しく暮らす民衆の顔が頭をよぎった。当時、首都カラカスの人口は二〇〇万人前後だったが、その三割は「ランチョ」と呼ばれる貧民街に居住していると言われた。

チャベスにとって、ボリバルの「帝国主義との戦い」や「抑圧からの解放」の訴えは、当時の社会状況への警鐘に聞こえたのだ。一部特権層が作り出した社会構造によって貧困層が「抑圧」されている風景を変えることは、ボリバルの訴えを実践することにほかならないと確信した。他の中南米諸国に対しても、チリのピノチェト政権を敵視し、パナマのトリホスやペルーのベラスコの功績を認めることがボリバルの大義にかなうと思い始めていた。そして、何よりも、チャベス自身が父方から先住民の血を引いた混血であるという事実が、チャベスに非支配階級への親近感を持たせることになる。ベネズエラでは現在、先住民の人口比は数パーセントに過ぎないが、混血は七割近い。先住民の血を引く国民は多く、チャベスの思いは多くの国民の思いである点が後に大きな意味を持ってくる。

チャベスは、授業が終わると、少なくとも三〇分間は、同じ士官候補生とボリバルの生涯やその時代背景について議論し合った。野球をしている時でも、休憩時間になると、「ベネズエラには政治の変化が必要だ。軍はこの目的を達成する唯一の選択だ」と発言するまでになっていた。ペドロ・カレニョ国会議員もその言葉を聞いた一人で、「士官候補生の多くは、貧困、非識字者、医師不足といったベネズエラが抱える問題をよく理解していたので、かなり多くが彼の主張に共鳴していた」と振り返る。この時、ボリバルの主張の実践を目指す「ボリバル主義」はチャベスの政治信条として形成されつつあった。

チャベスにとっても、軍内部での政治活動には一つの自信があった。それは、軍人には農民出身者が多いことだった。士官学校の学生も、チャベスと同様に地方の中下層出身者が多く、都市から遠い辺境の土地で、食べる物も着る服も十分とは言えない中で育った若者ばかりだった。チャベスは「そういう状況で、どうやって自己の尊厳を保つことができるのか。どうして、高い道徳心を維持できるのか。どうして愛国心を持つことができるのか。どうして兵士としての意識を持つことができるのか」と考えた。だからこそ、同窓のカレニョのような同志がチャベスに関心を示していく。

もちろん、「ボリバル主義」は、チャベスが最初に訴えたわけではない。農民や学生ら左翼勢力が結集した「民族解放戦線（ＦＬＮ）」の軍事部門で、六〇年代に政府軍とゲリラ戦を演じた民族解放軍全国司令部（ＦＡＬＮ）がすでに思想的な支柱としていた。チャベスの訴えが若者を引きつけた理由もそこにある。

チャベスは後に、ボリバルの言葉を盛んに引用するが、中でも最も好んだ言葉の一つが、「私は、革命というハリケーンに引き寄せられた弱々しい麦わらに過ぎない」だった。だからこそ、チャベスは、「私は、環境を構成する一個人に過ぎない。しかし、最も美しいことは、個人の人生が、大きな力の覚醒や集積に貢献することなのだ」と繰り返している。

チャベスは七五年七月、軍事・戦術学士号を取得して陸軍士官学校を卒業し、陸軍少尉となった。二一歳だった。チャベスは当時を振り返り、「私には卒業した時、すでに政治的な思考があった」と断言している。

軍内部に秘密組織を結成

チャベスは陸軍士官学校を卒業後、東部クマナや北部マラカイの部隊に派遣されている。一九七五～七七年、故郷のバリナスにも赴任し、対ゲリラ戦で最も卓越した陸軍一三部隊に属する狩猟部隊「マニュエル・セデニョ」の通信担当将校に任命された。

ベネズエラでは六〇年代、先述の民族解放軍全国司令部（FALN）が、全国各地で反政府武力闘争を続けていたが、チャベスが地方に派遣された七〇年代後半は、戦闘は少なかったため、チャベスには本を読む時間があった。ゲリラから没収した古い車のトランクの中に、本が山積みにされていたという。その中で、チャベスが注目したのは、歴史家のフェデリコ・フィグエロアの著書『エセキエル・サモラの時間』だった。エセキエル・サモラは一八五〇年代、農民に農地を与える農地改革を公約し、連邦戦争（注6）を戦った軍人政治家だった。

貧しい農民からゲリラや兵士が生まれる地方で、チャベスはサモラに関する本を読んだ。そして、サモラが行った政治運動をすすめることで、貧困がゲリラや兵士を生む現実を是正する必要性を感じていた。チャベスはそこで、エルネスト・チェ・ゲバラや毛沢東らに関する本も繰り返し読み、兵士にもゲリラにも共感するようになっていた。

チャベスの心情を象徴的に表す事件もあった。チャベスの回想によると、ある日、軍の情報機関が農民を拘束、拷問した。ガブリエル・プエルタ・フロレスが率いる左翼ゲリラ組織「バンデラ・ロハ（赤い旗）」が兵士を殺害したことに対する報復だったようだ。チャベスは、「農民の拷問は納得できない。なぜなら、（農民と協力関係にあったとされる）ゲリラが兵士を殺害していない、彼らはただ使命を果たしただけなのだ」と訴えた。チャベスはこのため、軍の反乱を扇動し、権威を無視した理由で軍事裁判にかけられる危機にも陥った。チャベスは「以後、私は人気のある仕事から外され、小さいグループに置かれた」とも振り返っている。

軍務に就いたチャベスの視線は常に、現場の貧しい農民、兵士、ゲリラに注がれていたようだ。フランスの新聞『ル・モンド・ディプロマティック』（日本語版）などによると、チャベスは次のようなエピソードを残している。反政府ゲリラ掃討作戦のため、東部地方で兵士と通信部隊からなる小隊の隊長を命じられていた時、ある晩、情報局の大佐と兵士が、ゲリラ兵を連行し、兵舎に泊めてくれと頼んできた。チャベスは承諾したが、やがて隣室からすさまじい悲鳴が聞こえてきた。布きれを巻いたバットで、兵士が捕虜を殴打していたのだった。チャベスは、捕虜を引き渡すか、または兵舎を出ていくように大佐に申し入れたが、逆に大佐から不服従の罪で軍事法廷にかけると脅されたという。

こんなこともあった。数日後、ゲリラ兵の待ち伏せ攻撃にあった兵士が、軍のヘリに乗せられて、兵舎の庭に着陸した。チャベスは、何発もの銃弾を浴びた若い兵士を抱きかかえると、「私を見捨てないでください」と懇願された。チャベスは、「ベネズエラがおかしくなっていることに気づき始めたのはこのころだった。私はここで何をしているのだ。一方では、軍服を着た農民が農民を拷問し、一方では、ゲリラ兵となった農民が軍服を着た農民を殺害している」と自問した。チャベスは、貧困ゆえに、農民が立場を変えて殺戮し合っている現実を変革しなければならないことを感じ取っていた。

この時期の体験は、チャベスの政治活動の原点になったと言ってもよい。ベネズエラでは一九六〇~七〇年代、政治的な安定の下、最大の産業である石油生産は伸びたが、その恩恵は地方まで至らなかった。一次産業に頼る農村は子弟に高等教育を受けさせる余裕はなく、一人前になると首都圏へ季節労働に出かけた。このため、都市部周辺には「ランチョ」と呼ばれる低所得者居住区が次々に形成され、そこで生まれた子どもたちは学校にも行かず、少年が麻薬、少女が売春に走ることが社会問題となった。チャベスも、カラカスの繁栄と、自身の故郷や赴任地の貧困との格差を目の当たりにし、社会のあり方に疑問を持つようになったのだ。

これについて、母親のエレナは、「サバネタ時代の友達の中には、食べ物もない家庭がたくさんあった。トウモロコシを粉にして揚げた『アレパ』ばかり食べていた家もあった。ウゴはこういう環境の中で育ったから、小さい時から不正義に敏感だったのでしょう。ウゴは小さい時から、下層階級に食べる物がないことを知っていた。友達の八割がそういう家庭環境だった」と少年時代の体験を挙げている。

チャベスはこうした体験を経て、二三歳の時、五人の兵士とともに、「ベネズエラ人民ボリバル軍」

という地下組織を設立した。自ら所属する軍隊を活用する形で、社会変革の方法を模索することになる。さらに、軍以外の人脈を広げる行動にも出ている。軍人として職を全うすることにも嫌気がさしていたようで、この時期、兄のアダンに転職の相談をしている。

一九七八年、二四歳になったチャベスは、マラカイにあるアルフレド・マネイロのアパートを訪ねた。マネイロはベネズエラ共産党の元党員で、七三年に誕生した急進大義党の創始者だった。一五歳の時、バリナスで知り合った歴史家のルイス・ゲバラを通じ、知り合いになったのだ。マネイロは六〇年代にゲリラ指揮官として名をはせた左翼活動家で、急進大義党結成後は革命に共感する大衆の組織化を進めていた。

チャベスとの会談はこの時だけだが、マネイロはチャベスに、「チャベス、我々には机を支える四番目の足が見えてきた」と語りかけた。民衆、知識層、中産階級に次ぐ四番目の「足」として軍隊を指した表現で、マネイロは、チャベスの協力を得ることで、軍内部の支持も期待できると思ったのだ。さらに、マネイロは続けた。「これから私と、中期的な視点で、一〇年かけて、一緒にやろうじゃないか」。マネイロはチャベスを誘いながら、多くの革命家が政治的な効率性を持たず、または、効率的であっても計画性がなく、革命の質を維持できていないことを説いた。チャベスは常々、「私は民衆の住む地区に身を置くことが好きだ」と語っているが、以後、カラカスの貧困地区に出向き、急進大義党の活動を見に行くようになった。

八〇年、チャベスは講師として陸軍士官学校に戻る。チャベスは自身の辺境での体験談を元に、貧困ゆえに農民同士が殺し合っている現場を伝えた。そして、これを変革する必要性を間接的に訴えた。これに共鳴する学生が、後に九二年の反乱に参加することになる。チャベス自身も、「この時の優秀な学生たちがボリバル運動の中核になった」と断言している。

チャベスが、軍内部で秘密組織の結成に向けて動き出したのは八一年ごろと言われる。尉官を中心に、ベネズエラの現状を議論し、長期的には権力の掌握を目指す集団だった。チャベスは八二年、陸軍大尉に昇進、空挺部隊の連隊長を務めたが、この時、同僚だったフェリペ・アコスタ・カルロスとヘスス・ウルダネタ・エルナンデスらとともに、中部アラグア州のサマン・デ・グエレに向かった。三人は、ボリバルが独立闘争を行った際に立てた誓いをまねて、「人民を締めつける鎖を打ち砕くまでは」と誓い合った。

これにより、「一九八二年一二月一七日運動」が始まった。以後、全国の軍人を対象に秘密の会合が開かれ、この秘密組織に加わる将校は、必ずこの誓いを立てるとされた。〇二年のクーデター未遂事件でチャベス擁護の反乱を起こしたラウル・バドゥエル将軍もこの誓いに参加したし、九二年の軍事反乱に加わったフランシスコ・アリアス・カルデナスも一年後にこの運動に加わることになった。チャベスによれば、一〇年間で五回の会議を情報機関に察知されずに開催したという。

この運動は翌八三年に結成された「ボリバル革命運動（MBR200）」の母体となった。「200」とは、八三年がボリバルの生誕から二〇〇年目にあたるという意味である。運動の過程で、ボリバルだけでなく、ボリバルの家庭教師だったシモン・ロドリゲス、一九世紀の農民運動指導者、エセキエル・サモラらの思考も取り込んでいった。ＭＢＲ２００は当初、軍人、市民、先住民を対象にメンバーを増やしていった。軍内部での組織拡大の背景にあったのは、メンバーの大半が、チャベス同様、地方の貧困層出身者で占められ、現状の政治に対する不満を共有していたことだ。

さらに、ほかの中南米諸国とは違い、ベネズエラの軍人は、米国の軍人養成学校「米州学校」で学ばなかったということがある。多くの中南米諸国で米州学校の出身者は、六〇～七〇年代に左派政権を倒し、軍政を樹立する原動力となっているが、ベネズエラはこれに該当しない。

もっとも、軍内の秘密組織の活動は限定されていた。しかも、当時は左派勢力同士の対立が激しく、ＭＢＲ２００が分裂すれば、密告や中傷により組織の活動が支障を来す可能性もあった。チャベスは結成当時について、「私は、左派の分裂に嫌気がさしていて、『こうした内輪もめが続けば、私も危険な目にあう』と語っていたよ」と振り返っている。もちろん、運動の進展は家族にも伝えられず、一連の行動について、家族は一切知らされていない。母親のエレナは、ＭＢＲ２００について、「ウゴが士官学校に入ってから、私たちはカラカスに出向いて、月に一回は会っていましたが、学校のことはあまり話しませんでした。ですから、運動についてはは想像もしませんでした」と語っている。チャベスは組織について細心の注意を払い、後にチャベス政権で上等教育相となるエクトル・アウグスト・ナバロ・ディアスによると、チャベスがスカートをはいて、かつらをかぶって、女装して会合に出掛けたこともあったという。

チャベスは八九年から一年間、シモン・ボリバル大学大学院で修士課程の政治学を学んでいるが、この時期、「カンターニョ」と呼ばれる秘密の場所に、将校約四〇人が集まり、秘密会合が開かれた。士官学校で同窓のペドロ・カレニョ国会議員によると、会議は新しい政治運動の方向性を話し合い、指揮官として、チャベスのほか、アリアス・カルデナス、ウィルメル・カストロ、ラウル・バドゥエルらが選ばれた。いずれも投票によって決まったものだった。

こうした中、チャベスの政治運動に大きな影響を与える事件が勃発した。一九八九年二月二七日の「カラカソ暴動」だ。二月二日に大統領に復帰したカルロス・アンドレス・ペレスは、国際通貨基金（ＩＭＦ）の勧告を受け、徹底した歳出削減と国営企業の民営化を表明した。いわゆる新自由主義経済（ネオリベラリズム）である。ペレス政権がその第一段として、ガソリンの値上げを決めたことに対し、市民が蜂起したのだ。学生の抗議行動に端を発し、その後、貧民地区（ランチョ）に住む民衆が次々に家から飛び出して行進した。ペレス大統領は、夜間外出禁止令を出したうえ、軍隊を出動させ、暴動の鎮圧に乗り出した。軍はランチョに対する制圧に乗り出し、射殺されたのは一〇〇〇人に上ったとも言われる。

チャベスはこの晩、大学に向かう途中、ガソリンを入れるため、国軍本部「フエルテ・ティウナ」に立ち寄った。すると、補給部隊も含め、兵士が次から次へと基地から出ていく光景を目にした。暴動を阻止し、市街地を制圧する任務につくためだ。チャベスはそこで、銃や弾薬を十分に点検しないまま、任務につく一人の若い兵士の姿を見た。その晩、発熱気味だったというチャベスは後にこの光景をこう振り返る。「若くて、パニックに陥りやすい兵士が、市街で武器を持たされれば、何が起こるか分かる」。

翌二八日にかけて、兵士の発砲が相次ぎ、数百人が射殺される大惨事となった。チャベスは暴動の広がりと凄惨な鎮圧劇に衝撃を受けた。後にこの暴動を「氷が溶けて水になったり、岩が山からなだれのように落下するようなものだった」と形容し、民衆の鬱積した不満が一気に表出した点を強調した。その後、治安部隊が市民を虐殺するのを見て、「ＭＢＲ２００」のメンバーからも「蜂起すべき」との意見も飛び出した。実際、「ＭＢＲ２００」は当時、二大政党による政権交代を終焉させるため、文献を読み、協力してもらえる政治家や司法顧問を探し、市民団体や民衆運動家とも接触した。軍事反乱を起こし、憲法制定議会を招集する案についても検討した。しかし、「カラカソ暴動」の時期には、そうした計画を実行に移す準備はまだ整っていなかった。

チャベスにとっての誤算は、犠牲者の中に、ともに反政府闘争を誓い合った同志のフェリペ・アコスタがいたことだった。チャベスはそれが軍による陰謀ではないかと思い始めた。そして、蜂起の時を急ぐ必要があると実感したのだった。実際、暴動を影で操っているのはキューバのカストロ国家評議会議長との報道も流れ、当時の政権から左派勢力が敵視されたことは間違いない。

チャベスはカラカソ暴動を「我々の世代にとても大きな傷跡を残した」と見ているが、自らの活動に与える影響については「触媒だった」と答えている。つまり、暴動は、反乱の準備を加速させる理由を与えたということだ。チャベスは急進大義党など左派政治団体との接触を開始し、政治計画について協議した。

チャベスは、アルフレド・マネイロが八二年に死去した後、急進大義党を引き継いだアンドレス・ベラスケスに接近、ベラスケスが製鉄業の労組書記長だったことを聞き、オリノコの製鉄業で反乱に共鳴してくれる人材がいないか尋ねた。また、パナマの主権を防衛するため、ノリエガ将軍の政権末期に創設された組織をモデルにして、ベネズエラでの組織化を検討した。

後に、チャベス側近となるウィリアム・ララとシモン・ボリバル大学で会うのもこのころだ。九一年、政治学の講義で知り合ったチャベスの印象について、ララは「とても愛想が良く、カリスマ性のある男だとも思った」と振り返っている。ララは当時、大学の労組のリーダーを務めていたこともあり、二人の政治的思考が近いことが分かり、ララはチャベスの協力者となっていった。

チャベスの動きはやがて、警察当局やほかの左派勢力の警戒を呼び起こすことになる。急進大義党のアンドレス・ベラスケスは八九年一二月六日のボリバル州知事選に勝利したが、その際、チャベスは国軍内部での協力者と見られて拘束された。チャベスは、ベラスケスの当選について「私は満足している」と語っている。急進大義党唯一の知事であるベラスケスとの協力が、反乱の成功の近道だと考えたためだ。

ところが、急進大義党はチャベスと微妙な距離を置き始める。チャベスは、急進大義党の全国組織の指導者で、ベラスケスの政治思想に影響を与えたルーカス・マティウスに「州知事に会いたい」と依頼したが、結局、実現しなかった。急進大義党はその後、党の全国会議で、チャベスらとの協力関係を否定する。ベラスケスが知事就任後に穏健化し、チャベスの急進的な方針に危機感を抱いたためと言われている。

九一年、チャベスは中佐に昇進し、マラカイ基地に駐留する空挺部隊の指揮官を務めることになった。国軍の精鋭部隊を統括する立場となり、チャベスは蜂起に向けた準備を着々と進めていく。

（注1）アヤクチョの戦い＝一八二四年、アントニオ・ホセ・デ・スクレの指揮するペルー解放軍がスペイン軍を破った戦い。ペルー独立の重要な契機となった。

（注2）フランシスコ・デ・ミランダ将軍＝ベネズエラのスペインからの独立闘争の先駆者。一九世紀初頭、義勇兵を率いてカラカスで蜂起したが、スペイン軍に捕らえられ獄中で死亡。その運動は後に、シモン・ボリバルによって受け継がれていく。その功績をたたえ、カラカスの目抜き通りの一つは、「フランシスコ・デ・ミランダ通り」と命名されている。

（注3）ボヤカの戦い＝一八一九年八月、シモン・ボリバルの率いる義勇兵が、スペインに勝利した戦い。ボリバルはその後、ボゴタ（現コロンビア首都）に入り、グラン・コロンビア（大コロンビア共和国）が誕生するきっかけとなった。

（注4）カラボボの戦い＝一八二一年六月、シモン・ボリバルがベネズエラに進攻し、スペイン軍を撃破した戦い。カラカスの奪回に成功し、自ら大統領に就任するきっかけとなった。

（注5）アントニオ・ホセ・デ・スクレ＝シモン・ボリバルの部下で南米諸国を独立に導いた軍人。ベネズエラで生まれ、エクアドル、ペルー、ボリビアの独立闘争を指揮し、初代ボリビア大統領となった。

（注6）連邦戦争＝一九世紀中盤、保守党と自由党の権力争いをきっかけに、各地の大土地所有者や地方政治家も巻き込んで全国に発展した内戦。

第2章

反乱軍将校から大統領へ

一九九二年クーデター

ベネズエラの現代政治を特徴づけるのは、民主行動党とキリスト教社会党の二大政党が政権を独占してきたことだ。一九五八年から始まった「プント・フィホ体制」と呼ばれる政治システム（三八ページ参照）は、五〇年代のマルコス・ペレス・ヒメネス将軍など軍事独裁体制を阻止した実績もあり、当初は民衆の支持を得ていた。実際、中南米諸国で軍政が相次いで誕生した六〇～七〇年代、ベネズエラは外見上、政治的な安定を見た。

しかし、八〇年代に入ると、二大政党が交代で政権を担うことによる政治、司法の腐敗と縁故主義が横行し、汚職も表面化した。特に、民衆の不満が高まったのは、世界有数の原油生産を誇りながら、利益が一部に集中し、国民の多くが貧困層に追いやられたことだ。そうした国民の鬱積した政治不信を背景に、軍事反乱が起きた。その主役が、当時、陸軍空挺部隊に所属し、士官学校の講師も務めたチャベス中佐だった。

反乱計画は数年越しに極秘裏に進められた。チャベスの両親もテレビでその事実を知ったほどだ。チャベスは九二年一月下旬、休暇を利用して、バリナスの両親宅を訪れている。ミサに出て、家族と楽しいひとときを過ごし、これから軍事反乱を起こす雰囲気は微塵もなかったという。クーデター決行日の数日前には、チャベスは母親のエレナに電話し、「どうしているか」とようすを尋ねてきた。

エレナは後に、「今思うと、別れを言いに来たのかもしれない」と回想する。父親のウゴ・デロスレイエスは「実際に反乱が起こって、かなり驚きました。その日は私たちにとって、とても苦しいものでした。とても苦痛に満ちていました」と振り返る。

計画は綿密に練られていた。計画はごく少数の将校にしか知らされず、部隊兵士は何も知らなかった。チャベスは、カラカスでの戦闘で死者が出る可能性があったため、反乱の直前に将校を呼び、軍事作戦の詳細を説明し、参加の意思を確認しようとした。その中で、ある将校が涙を流しながら、「私は臆病者です。私には妻と子どもがいます」と戦列離脱を訴えた。チャベスは「分かった。私が出ていってから、家に帰りなさい」と諭した。一般の兵士にも同じように伝え、部隊が反乱に出動するまでは、離脱を許さなかった。

反乱は、軍事部門だけでなく、民間部門にも及んでいた。例えば、後にチャベス政権で国会議長を務めるウィリアム・ララの場合、大学で政治文書を準備し、反乱が起こった直後に、チャベスの考えを公表する役割を担った。ララは反乱直前、カラカスのシモン・ボリバル大学で最後の会合に参加したが、決行の日時を知ったのは、決行の数時間前だった。

九二年二月三日夜。反乱はまず、マラカイ空軍基地で起こった。空挺部隊を率いていたチャベスが基地を占拠すると、一部は西部マラカイボも制圧した。チャベスはカラカスのラプラニシエ歴史博物館に司令部を設置した。チャベスによると、クーデターに加わったのは、現役兵の一〇パーセント、一〇歩兵部隊の約六〇〇〇人で、戦車、パラシュート部隊、対戦車ミサイルが投入された。

大統領が職務を行うカラカスの官邸「ミラフローレス」、大統領の住まいとなる公邸「ラカソナ」のほか、バレンシア、マラカイ、マラカイボなどの地方都市で戦闘が起こった。チャベス自身は、将校二〇人と兵士五〇〇人からなる歩兵大隊を率いていた。

民衆を動かした言葉

反乱軍は大統領官邸の占拠にも乗り出したが、二時間で帰趨が決まった。チャベスは、チリの心理学者マルタ・アルネッカーとの会見で、「その間、民衆のエネルギーは爆発した」と語ったが、実際には、頼みにしていた市民の蜂起はなく、空軍も予定通りには反乱に参加しなかった。広報活動の役割を担ったララの場合、反乱と同時に、カラカス東部の事務所で配布文書を印刷し、朝九時にテレビ出演する段取りになっていたが、結局、実現しなかった。

この日、ペレス大統領は外遊先のスイスから帰国したばかりだった。オチョア国防相の薦めで、大統領官邸には戻らず、カラカス東部カルロタにある公邸「ラカソナ」で待機した。戦闘により、市民ら約一二〇人が死亡。カラカスを東西に横断する高速道路「フランシスコ・ファハルド」近くに、大統領専用機の離発着などに使用される空軍基地があるが、ここにも飛行機が墜落した。反乱軍の勢いが止まったとの報告を受けたペレス大統領は「ミラフローレス」に向かい、その後、国営テレビを通じて、反乱軍を制圧したと発表した。チャベスは投降の条件として、国民向けに演説す

1992年２月４日、クーデターの責任を認め、国民に語りかけるチャベス中佐（※）

る機会を要求した。

母エレナが、クーデターを知ったのは、四日午前二時ごろだった。しかも、首謀者が自分の息子だと知って、エレナは気が動転し、涙があふれ出した。兄のアダンや弟のナルシソに電話し、ナルシソには「アダンがここに来たら、私はウゴの所へ行く」とわめいた。すると、チャベスから電話が入った。「愛するウゴ、一体どうしたの？」と絶叫するエレナに、チャベスは「ママ、落ち着いて。もうすべて終わったよ。僕は大丈夫だ。何も問題はないから」と悠然と答えたという。エレナはその日の衝撃を生涯忘れないのだろう。

「あんな大きな失望はありませんでした。息子が死んだのか、けがを負っているのか、分からない。錯乱状態でした。ですから、ウゴから電話があった時は、興奮してまともに話すことはできませんでした」と語る声はたかぶっていた。

夜が明けた四日午前、チャベスはテレビで語る機会を許された。空挺部隊の赤色のベレー帽をかぶり、野戦服姿の三七歳の若い軍人は、九〇秒間のテレビ画面で、生涯を変える有名な言葉を発する。

「同志よ、残念ながら、今は、我々が目指す目的は達せられなかった」

「私は国家とみなさんの前で、今回のボリバル軍事行動の責任を取る」

降伏を伝えるチャベスの発言には、内部から批判も出た。クーデターに加わった政治団体「赤い旗」はチャベス批判を展開した。しかし、国民の前で率直に責任を認める若き反乱者の姿は、これまでこうした潔《いさぎよ》い発言を老政治家から聞いたことのなかった国民には新鮮に映った。

約六〇〇〇人の反乱軍のうち、一部は飛行機で国外に脱出したが、チャベスら将校約一三〇人を含め、約一一〇〇人が反逆罪で拘束された。拘束されなくても、遠隔地に左遷され、監視された兵士もいた。「本当の迫害が起こった」と形容したチャベス自身も、反逆罪で有罪となり、投獄されることになる。

本来なら、チャベスの軍人としてのキャリアも政治生命もここで終わるはずだった。しかし、国民がチャベスを見放さなかった。当時、日刊紙『ラス・ウルティマス・ノティシアス』の政治記者だったデジレ・サントス国会議員は「政治家は責任を取らないのが当たり前だった国で、若い彼の言葉は衝撃的だった」と語る。また、エル・ナショナル紙のラウラ・サンチェス記者は九二年三月二日付で、「一人の男が、しっかりした目つきで、反乱の責任を取ったのだ。それによって、無名の男が一七〇〇万人の国民の人気を得たのだ」と伝えた。

チャベスの父親ウゴ・デロスレイエスも、「反乱から時がたち、私たちは彼の行動を理解し、死ぬまで息子を助けようと誓いました。なぜなら、それはクーデターではなく、真実に導かれた若い将校たちの反乱、国家を悪くしていたカルロス・アンドレス・ペレス政権に対する反乱だったからです」と断じていた。母親のエレナも、「ウゴは責任を認めたから英雄になったと思います。それは、国の歴史でほとんど初めて起こったことですから」と分析した。両親の生活も一変した。メディアはバリナスの自宅を訪れ、ウゴ・デロスレイエスとエレナが記者たちに応対する日々が始まった。二人はできる限り、取材には応じ、息子の人間像を国民に伝えようとした。エレナは、「私の人生もこの日から変わった。天が地に、地が天に入れ変わったような感覚だった。そして、それは今も続いている」と振り返っている。

チャベス自身はこの反乱が「カタパルトになった」と回想している。カタパルトとは航空母艦で戦闘機を甲板から発進させる射出機で、反乱がチャベスの政治運動を一気に前進させたとの意味だ。チャベスはまた「この『今は』の発言で、私は真のリーダーになったことは言うまでもない。ベネズエラの歴史で最も大きい出来事だった」とも語っている。チャベスは、降伏を批判した政治団体「赤い旗」について、「すべての軍事作戦に撤退があり得ることを知らなかったようだ」と批判し、「彼らは運動の方向性を示すこともなく、ボリバル革命運動（ＭＢＲ２００）の中で我々に損害を与えた」と酷評した。

チャベスにとって、武力蜂起はテロではなかった。チャベスは常々、テロとゲリラとの関係をこう区別している。テロは、破壊活動などによって、罪のない子どもや民衆、学生に被害を与えることであり、ゲリラは、民衆の生活を尊重し、逆に民衆の支持を得ながら、闘争する集団なのだ、と。そして、チャベスはチリの心理学者マルタ・アルネッカーに対し、ゲリラのような「非正規の戦争には、民衆の意志を勝ち取る必要がある」と明言している。しかし、九二年の反乱は民衆の蜂起を呼び起こさず、非民主主義的な手段がもはや有効ではないことを証明した。以後、チャベスは民主的な手続きの中で復権の道を模索することになる。

収監された兵舎に無数の〝チャベス詣で〟

カラカス中心部から車で北へ五分の丘陵地に、「サンカルロス兵舎」がある。北部にアビラ山を望む兵舎の外観は、黄土色のレンガ造りだ。中に入ると、広い中庭を取り囲むように三階建ての兵舎が並んでいた。スペインの植民地支配を強化するため、スペインのカルロス三世の名前を取り、一七八五年に建設が始まり、九〇年ごろには建設がほぼ終了したとされる。一八一二年の地震で一部崩壊したが、一八四〇年に再建された。一九〇〇年に再び地震により損害を受けるが、補修工事が行われ、現在に至っている。

チャベスがクーデター後収監されたサンカルロス兵舎

九二年二月のクーデターに失敗したチャベスは、カラカス近郊のジャレ兵舎に移動するまでの約二カ月間をここで過ごした。兵舎は、八六年に閉鎖されていたが、チャベスらクーデター首謀者を収容するために再開されたのだ。

兵舎の二階左側に牢獄が並ぶ。左から三番目が、チャベスが投獄された部屋だ。友人のアリアス・カルデナスと二人用で、中で一人ずつの小部屋に分かれている。鉄門を二門くぐると五メートル四方の房があった。入り口の反対側に窓が二つ付いているが、もちろん、頑丈な鉄格子がついている。左手に、トイレとシャワー室があるだけで、ほかには何もない。牢獄に入って、最初に気づくのは、白壁に書き込まれたスペイン語だった。独房生活のチャベスが、その思いを書きつけた筆跡がまだ残っているのだ。房で時間と格闘していたせいか、筆跡は四方向の白壁いっぱいに広がり、天井を除

収容された部屋のカベに残るチャベス直筆の言葉

けば、文字でびっしりだった。その一部を紹介する。

「自由に代わる道はない、自由に代わる愛国心はない」

「ボリバルの精神に万歳！」

「二月四日は誇りを示した国民の日だ」

その筆跡は、独房生活で、くじけそうな精神を自ら奮い立たせ、自らの道を信じ、再起の日を願う叫びにも読めた。

兵舎を訪れるのは現在、一日二〇人程度だ。チャベス政権は、大統領が収容された状況を掲示板に記載し、今に伝えている。その内容は次のようなものだった。

「九二年二月四日、一つの軍事反乱が、ベネズエラの眠っていた政治構造を揺さぶった。陸軍将校のグループが率いる反乱軍は、長い伝統を持つ市民の戦士と一緒に、降伏しなければならなかった。

サンカルロス兵舎の中庭

兵舎は（反乱）参加者を受け入れることになる。この瞬間から、国中の関心がこの古い建物の壁に注がれる。民衆は、事実を見極めるために、鉄格子の周りに集まる。諜報活動でこの運動に加わったとの容疑で市民も拘束され、暴動やデモが起こった。（中略）同年四月、反乱軍の司令官たちは、国内の緊張を和らげ、世論の関心をそらすために、ジャレに身柄を転送される」

守衛のフェリス・ラミレスによると、支持者は連日、兵舎を訪れ、チャベスの解放を訴えた。兵舎の東側には、草原のような空き地があるが、そこに集まって、「解放、解放」と連呼した。地元紙によると、支持者は連日、数千人に上った。その声が聞こえると、チャベスは、鉄格子がかかった窓から手を振ってこたえたという。大半の支持者は低所得・中産階級の人びとだった。マクロ経済指数（一国全体で経済動向を分析する経済学に用いる指標で、具体的には投資、消費、所得、貯蓄などの変数を示す）を安定させるため、徹底した歳出削減を行うペレス政権下で、生活改善の実感が持てない階級だ。自分たちと同じような境遇で生まれ育ったチャベスに親近感を抱き、テレビで自身の責任を率直に認めたチャベスに現状の変革を期待する声が高まっていたのだ。

チャベスは収監中、四方を独房に囲まれた中央広場「パティオ」に出ることを許された。訪問者があると、「カシオ」と呼ばれる部屋で面会した。しかし、独房から外に出られるのは、原則としてパティオとカシオだけで、大半の時間は独房で過ごしていたという。兵舎では、一日三度の食事が出たが、粗末でかつ毒殺の可能性もあったので、家族がよく食事の差し入れに来た。

面会を許されたのは、家族らごく近親者のみだった。ウィリアム・ララも面会を許された一人だったが、その時間は限られ、チャベスとの話題は、友人の消息に終始した。農民運動を指導したチャベスの母方の曽祖父、ペドロ・ペレス・デルガノの孫で、チャベスの叔父にあたるヒルベルト・ロンバノは、住んでいたプエルト・ラ・クルスからサンカルロス兵舎に駆けつけた。そして、デルガノの形見として代々受け継がれたお守りをチャベスに渡した。チャベスはその後、このお守りを離すことはなかった。

母エレナは、チャベスが投獄されてから四日目、チャベスの弟アルヘニスと一緒に兵舎を訪ねた。兵舎では、「母親が来た。神の恵みで面会許可を与えよう」という理由で面会を許されたという。待合室で待たされている時から目元が潤み、チャベスが目の前に現れた瞬間、どっと涙があふれた。

息子を抱き締めると、チャベスは「母さん、泣かないで。泣くとみっともないよ」と笑っていた。面会場所では会話が録音されている可能性があったため、母子は家族の近況を話した。エレナが、バリナス市民から、「これがクーデター野郎の家族だ」と非難・中傷されると覚悟していたが、逆に「これが本物の男の家族だ」と励ましの言葉をかけてもらっていることを伝えると、チャベスはうれしそうな表情を浮かべた。

市民の注目を集めるチャベスの存在をメディアも無視できなかった。兵舎内の拘束者への取材は許されなかったため、取材は困難を極めた。当時、大衆紙『ラス・ウルティマス・ノティシアス』記者だったデシレ・サントス・アマラル国会議員は、反乱の日に初めてチャベスの存在を知り、それから取材に走った。拘束者の家族に新聞社に来てもらい、兵舎内のようすを聞いて記事にしたこともあったという。

こうした中、国内外の反響を集めた記事が九二年三月二日付の有力紙『エル・ナショナル』に掲載された。全一ページが割かれたのは、チャベスとのインタビュー記事とその写真だった。同紙のラウラ・サンチェス記者が独房で単独会見に成功したのだ。他紙の記者が、サンチェスにチャベスの写真を撮るように依頼するほど、この会見へのメディアの注目は高かった。サンチェスが記事にしたのは、以下のような内容だった。

「一階に入ると、二人の兵士が白色の鉄格子を開けた。すると、そこには一二人の反乱分子が寝起きする三つの房があった。そこから、二〇メートルほど歩くと、アリアス・カルデナス、ウルダネタ・エルナンデス、オルティス・コントレラス、アコスタ・チリノスらがいた。左側の最後の扉を開けると、一五平方メートルほどの青色の部屋で、そこにチャベスがいた」。そして、チャベスとサンチェス記者とのやり取りが始まる。
サンチェス「あなたはチャベス司令官ですか？」
チャベス「その通り。バリナス州サバネタで生まれた、普通で平凡な男です」
サンチェス「あなたは兵舎の外で起こっていることを知っていますか？」
チャベス「私は愛国心を持つ普通の男です。子どものころから、両親の教育によって、道を切り開くことの重要性を感じることができた。私がこの目で見たのは、大多数のベネズエラ人が愛国というシナリオの中で、悲しい役割を演じざるを得なくなっていることだ。私には、ベネズエラ人が正当な立場に置かれることを訴える任務があるのです」
サンチェス「現在、期待することは何ですか？」
チャベス「この解放の主役、この反乱の本当のリーダーは、シモン・ボリバル将軍です。将軍はその言葉によって、我々の目指す道を照らした。我々の世代には、後世の世代に対する責務がある。我々はここから毎日、歌を歌っている。ここからパンテオンが見えるでしょう」
そう言って、チャベスは、サンチェスを窓際に誘い、ボリバルの墓所となっている国立霊廟（パンテオン・ナシオナル）を指さした。その時、若い女性がチャベスに蘭の花を持ってきた。それは彼女の母親からのプレゼントだった。母親は娘に、「私はとても苦しんでいる。なぜなら、独裁政権が嫌いだからだ」とチャベスに言付けるように頼んでいた。チャベスは花を受け取り、妻（当時）のナンシー・コルメナレスに手渡した。ナンシーは、一三歳のロサ・ビルヒニア、一一歳のマリア・ガブリエラ、三歳のウゴ・ラファエルの三人の子どもを連れていつも面会に来ていた。

そして、チャベスはナンシーに「彼女にありがとうと告げてほしい。この花には、心がこもっている。彼女に『我々は暴力とは違う参加の道を模索している、我々も独裁政権を好まない』と伝えてほしい」と頼んだ。この光景を書き込んだ後、サンチェスはさらに質問を続ける。

サンチェス「あなた方の道は死刑宣告を受けたのではないか?」

チャベス「参加の方法がある。つまり、大統領を捕らえ、権力を握った後、民衆が人民裁判所で腐敗を裁くのだ。法律の専門家や正直な人々を招集し、右派や左派の別もなく、国家主義者とボリバル主義者が政治を動かすのだ」

サンチェス「暴力でない方法での民衆参加とは?」

チャベス「民衆が最近、参加を表明した唯一の道は二月二七日の暴動（一九八九年のカラカソ暴動のこと）だった。このとき、国軍は民衆を鎮圧するような行動を取ったのだ」

サンチェス「あなたは二月二七日に兵舎を出たのか?」

チャベス「もちろん、出ていない。私は病気になった。もし、民衆に発砲するという命令を受けたら、私はそれを無視しただろう」

サンチェス「司令官、あなたは暴力に頼らないと言っているが、実際にあなたがやっていることは犯罪者の範疇に入るのではないか？」
チャベス「我々は、ネオファシスタ（極右）、殺人者、大統領の家族を殺害し、大統領を暗殺すると言われている」
サンチェス「それは本当なのか？」
チャベス「もちろん、違う。我々は大統領官邸で、大統領とわずか一メートル五〇センチの距離まで近づいた。命令は彼を拘束することで、殺害することではなかった。殺害は我々の任務ではなく、愛国の裏切りに相当するものだ」
サンチェス「米国のブッシュ大統領は、ペレス大統領が中南米の民主主義の指導者と言っているが？」
チャベス「私はブッシュ大統領の賞賛を認めない」
このブッシュ大統領とは、現在の米大統領の父親だ。チャベスは、ペレス大統領が民主主義のイメージをかぶった腐敗政権であり、ブッシュ大統領は、ペレスとは会わずに、自分たちと会うべきだと提案した。
サンチェス「しかし、まともな民衆を（ペレス大統領が）簡単にだますことができるのか？」
チャベス「それは簡単なことだ。それは二重の演説を行っているからだ。大統領は、心理学者が言うような二重人格者なのだ。この男は、国外に行って、何の具体的な計画もなく、中南米への愛国の言葉を振り回している」

サンチェスは次に、チャベスが投降後にテレビで語った発言「同志よ、残念ながら、今は、我々が目指す目的は達せられなかった」に注目した。

サンチェス「司令官、『今は』の発言で何を言いたいのか？」

チャベス「それは、民衆の闘いの始まりを意味する。我々はそれを開始し、民衆はそれを継続する使命があるのだ」

サンチェスはこうしてインタビューを締めくくった。そして、チャベスが収容されていた小さな部屋に、シモン・ロドリゲス、シモン・ボリバル、ガルシア・マルケスなどの本が山積みされていたこともルポルタージュとして掲載している。

このインタビューから、チャベスは政治闘争の軸足を武力から言論に置き始めたことがうかがえる。そして、その手段が、自分に注目する無数の大衆であることを示唆している。記事自体は、反逆罪に問われながら、「責任を取る」という一言で、大衆の人気を一身に集める若い軍人が、本物の愛国者なのか、それとも、稀代のポピュリストなのかを検証しようとしている。そして、この検証は以後、ベネズエラのマスコミが直面する大きな課題となる。

武力闘争を捨て、民主的「革命」路線へ

市民が連日、〝チャベス詣で〟に押し寄せることに業を煮やした政府は、チャベスら反乱兵士を

カラカス近郊ロス・バジェ・デル・ツイにあるジャレ兵舎に移送した。雑木林の中にある兵舎は汚く、水も電気もなく、チャベスらは兵舎の掃除をし、電灯をつけ、水を引いた。兵舎内では、廊下沿いに房が並び、そこで囚人が寝起きしていた。

チャベスは、灰色の運動用のつなぎや、緑色の迷彩服のような軍服を着て、ときどき、赤色のベレー帽をかぶることもあった。朝六時に起きて、運動をして、それから読書をした。兵舎では懲役はなく、本を読んだ後は、無数の手紙が届くのを待っていた。手紙には、チャベスを励まし、反乱に感謝し、早く出所し、大統領選に出馬することを望む内容もあった。チャベスは一通一通に感謝を伝える返信を書いた。

ジャレでも面会を求める市民が列を作り、母親のエレナは「私たちが面会に行った時、ほかでもない、チャベス司令官だけを見るために、人々がずらりと並んでいてびっくりした」と振り返っている。常に六〇〜七〇人が面会待ちの状態だったのだ。例えば、支持者の一人、マリア・エルナンデスは、面会を断られながら、チャベスの出所を求め、兵舎の外で鍋をたたいた。当時を振り返り、「チャベ（チャベスの愛称）は何も悪くないのに投獄された。チャベは、神がベネズエラのために送り込んだ大統領だ」と熱狂的に語っている。

チャベスは、トウモロコシを粉にして揚げたアレパなど、兵舎が出す食事にはほとんど手をつけず、家族が毎日差し入れた料理を食べていた。サンカルロス兵舎と同様、毒殺される可能性を恐れたのだ。エレナは週二回、チャベスの大好物だった野菜の挽肉料理、雌鳥のスープ、牛乳の菓子を持参した。夫の世話で忙しい週を除き、息子のアルヘニス宅に泊まり、そこからジャレに向かったのだ。兵舎内には台所もあったが、料理道具がなかったので、エレナら家族は冷蔵庫、スタンド、コップなどの食器を持ち込んだ。妻のナンシーや子どもたちも、網焼きステーキ、鶏肉つきゴハン、菓子などを持参してきた。

チャベスの叔父、ヒルベルト・ロンバノは、妻のカロル・ロドリゲスとともに、毎週木・土・日曜日に面会に訪れた。時間は一五～二〇分程度で、面会場所も廊下だったが、ロンバノはジャレから車で四〇分のビジャ・デ・クラに住んでいたため、バリナスから来られない家族の近況を伝えることも多かった。ロンバノは「チャベスは子どもたちのことを心配していて、子どもや家族に責任を感じていた」と思い出す。ロンバノはこのほか、国内の出来事、チャベスを支持する国民のようす、別の計画を起こそうとする軍内の状況も伝え、チャベスが差し入れを望む本を聞いていた。

ウィリアム・ララも、二週間おきにチャベスに面会に行った。約三〇分の時間は、軍内部の政治運動などが話題の中心で、チャベスは常に楽観的な態度だったという。ララはその理由として、「(クーデターは) 軍事的には失敗だったが、政治的には成功だったためだ」と語る。

チャベスは休憩時間になると、兵舎の中央広場で、簡単な野球をしたり、早足で駆け回ったり、クアトロと呼ばれる四弦のギターを弾き、歌を歌った。お気に入りは、「マイサンタのバラード」だった。マイサンタとは、チャベスの曽祖父で農民運動を指導したペドロ・ペレス・デルガノだ（二二ページ参照）。ブランコつきの庭もあり、チャベスはときどき散策したが、監視役の兵士八人は常にチャベスらに敬意を示していたという。叔父のロンバノが持ち込んだ油絵の道具を使い、好きな絵を描いたりもした。しかし、兵舎での時間の大半は読書に費やされた。ロンバノらが持ち込んだ本を次々に読み、冊数は月に一〇～二〇冊のペースだった。チャベスの読書術は、一度に三冊同時に読むという形で、結局、この収監された兵舎で二〇〇冊以上は読んだと言われる。書籍のジャンルは、シモン・ボリバルやアントニオ・ホセ・デ・スクレ（五一ページ「注5」参照）ら南米諸国をスペインから独立に導いた指導者に関するものが多かった。

兵舎生活が長くなるにつれ、チャベスは、予想を上回る民衆の力を思い知らされたようだ。ボリバルの言葉を胸に刻み、常に民衆の期待を裏切らないことが、政治の舞台に立つ近道だと考えたようだ。一〇人余に上るチャベス弁護団の一人だったシリア・フロレスは、ジャレ兵舎でチャベスと面会した時のようすを覚えている。チャベスの最初の質問は、「路上の民衆はどういうようすか」だった。チャベスは、「なぜ、私にはコミュニケーションの手段がないのか」「なぜ情報が入らないのか」と不満そうだった。

フロレスが、民衆がチャベスを熱狂的に支持し、路上に出て「がんばれ、チャベス」と叫んでいることを伝えた。チャベスはそれを聞くと、感動したようすで、民衆に対する責任、民衆への愛情、民衆のための提案を熱く語ったという。週二回のペースで面会に訪れたフロレスは、チャベスらが兵舎の中で、「ベネズエラのためにどういう政策が大切か」「兵舎から出たら何をするか」「新しい憲法を作ることが大切だ」というような議論を交わしていることを聞いた。後にチャベスに認められ、国会議員となるフロレスは、「彼が落ち込んだり、心配したりするようすはまったく見られなかった。クーデターを決行する前からの強さを信じられないほど持ち続けていた」と語っている。

クーデターに失敗した「反乱者」で、政財界に一切の支持勢力を持たないチャベスにとって、民衆こそが唯一の政治基盤であり、世論の支えが自らの権力の源泉となることを強く知ったのかもしれない。だからこそ、チャベスは民衆から寄せられた手紙に返事を書き、なぜ二月四日が起こったのか、何を目指したのかを伝えようとしたのだ。フロレスは、チャベスが「民衆に利益を与えるためには、どういうことが大切かを二四時間考えていた」と証言している。さらにメディアを活用することも忘れなかった。

日刊紙『ラス・ウルティマス・ノティシアス』の政治記者だったデシレ・サントス・アマラル国会議員は、サンカルロス兵舎では面会が許されず、ジャレ兵舎では、チャベスに質問状を送った。チャベスは、反乱軍の同志アリアス・カルデナスやブランコ・ラクルスらとともに、自分たちの肉声を録音したカセットテープを返送した。チャベスの声が最も迫力があった。

チャベスは「革命、愛国の同志にあいさつする」から口火を切り、兵舎を「誇りの兵舎」と形容した。チャベスはさらに、シモン・ボリバルについて話し、兵舎を出た時の仕事の準備や、ベネズエラの現状などについて話し、「私は刑務所の外で起こっていることを憂慮している。そして、ベネズエラ人民の置かれている状況や、人民が必要としているものを知っている」と語気を強めた。チャベスは、「政治を変革するために、苦境にもかかわらず、責任を果たす」と声を上げていた。

サントスとの間には、こんなエピソードも残る。サントスは九三年一二月、交通事故で二〇歳の愛娘ダニエラを交通事故で失ったが、チャベスは失意のサントスに肉声を録音したテープを送った。

「あなただけがこの苦難を乗り越えることができるのです。私はあなたが力を出し、勇気を持つことを祈るだけです」

サントスはチャベスの言葉に涙を流し、「獄中にいて、他人の不幸にかまう余裕がある人間はいるのだろうか」と心を打たれた。そして、「この瞬間から、私はこの男の人格にひかれ、それは政治家としてでなく、人間として好きになった」と証言している。チャベスの人心掌握術は、当時から卓越していたようだ。前述のフロレスも、チャベスの情熱と親しみやすさに心酔し、以後、チャベスの政治的なメッセージを積極的にマスコミに配布する役割を担う。

親チャベスの報道により、支持者の輪が広がったことは事実である。その一人を紹介する。現在、「YVKEムンディアル・ラジオ」代表を務めるクリスティナ・ゴンサレスだ。彼女は当時、ベネズエラ中央大学で左派グループの活動に参加していたため、新聞やテレビで連日報道されるチャベスの動静に興味を持った。ゴンサレスには少し恐怖心もあったが、女性の友人と二人でチャベスを訪問することを求め、最終的に面会を許された。

チャベスは開口一番、「これは驚いた、若い女性が私たちに会いに来た。これは特別だ、さあどうぞ」と二人を招き入れた。二人の恐怖心はこの時、吹っ飛んだという。二人が会ったのは、囚人の中で年長だったアリアス・カルデナス、チャベスら計六人だった。チャベスの独房には、支持者の手紙があふれ、ベッドの上にも机上にも本が山積みされ、腰を下ろすスペースがないほどだった。

二人はチャベスの政治信条を聞き、それに共鳴した。チャベスが本の提供を求めたので、ゴンサレスはその後も、チャベスとの面会を続け、ベネズエラ中央大学のマンティジャ教授の書いた参加型民主主義に関する本などを届けた。チャベスは差し入れた本を三日間で読むため、チャベスはゴンサレスと面会するたびに、新しい本を求めるようになった。ゴンサレスはチャベスの読書量に驚嘆し、市民から届く手紙や写真に返信を書くチャベスのマメさにも惹きつけられた。

反乱から時がたっても、チャベス人気が衰えなかったのは、政治的な要因と無縁ではない。ペレス大統領は、米国や国際通貨基金（ＩＭＦ）と協調し、民営化と規制緩和路線を取るが、自由主義経済下で恩恵を得られない民衆の不満は募る一方だった。民衆は、この経済政策の下で成功する富裕層を敵視し、与党である民主行動党をその象徴的な存在ととらえるようになる。

地方出身の兵士が多い国軍内部で、既成政党の経済政策に反発するのはチャベスだけでなく、九二年一一月二七日には別の軍事クーデター未遂事件も起こった。軍の一部が空軍基地を占拠し、国営テレビも手中に収めた。大統領官邸の占拠も狙い、ジャレ兵舎を襲って、チャベスの救出作戦も演じられた。チャベスの叔父、ロンバノも、アラグア州でルゴ・ロペス大佐の下でクーデターに参加した。しかし、計画は失敗、約二四〇〇人が拘束された。

チャベスは「我々はその反乱を指揮しなかったが、刑務所の中から彼らの行動を導いた」と述べている。実際、チャベスはチリの心理学者マルタ・アルネッカーとの長時間の会見で、九二年六〜

七月ごろ、反乱の準備を求める手紙を兵舎から送ったことを明らかにしている。しかし、九二年の反乱は二度続けて失敗した。チャベスはその理由を考察し、アルネッカーの質問にこう答えている。「二つの反乱は間違いなく、軍を掌握したうえで行われた。しかし、いずれも民衆の参加はなかった。民衆の支持はあったが、武装した民衆の積極的な参加はなかった」。

チャベスは武力による政権交代に限界を感じ、兵舎の中で武力闘争の断念を決断する。兵舎の中で、民主的な政治運動を組織する力はないが、チャベスを求める支持者の熱気を連日肌で感じていた。そして、チャベスは兵舎の中で、「支持者の声を結集して、グループに組織化しようとする考えが浮かんだ」のだった。投獄された同志とともに、チャベスは出獄後の行動を話し始めていた。チャベスは「九二年二月四日以降、ボリバル革命運動は、飛躍的に進んだ。この日までは、運動は秘密の軍事活動で、しかもメンバーは若く、左派の人間が協力しただけだった。しかし、この日以降、運動は民衆の感情を取り込んでいった」と語っている。

チャベスは獄中にあったが、もはや兵舎の外で演じられる政治情勢と無縁ではなかった。九三年五月、チャベスが転覆を図ったペレス大統領は、公金横領罪で弾劾され、職務停止となり、歴史家のラモン・ベラスケス副大統領が暫定大統領に昇格した。同年一二月には、大統領選と国会議員選が予定された。まず、急進大義党が、チャベスとの友好関係を強調し、兵舎を党のシンボルとして使い始めた。チャベスによると、急進大義党は、チャベスの仲間が国会議員選に出馬するよう、チャベスの家族を通じて許可を求めてきたという。獄中にいるチャベスはこの時、選挙運動は時期尚早と考えており、同じ囚人だったアリアス・カルデナスも急進大義党の要請に否定的だった。

チャベスは九三年選挙で、自らの姿勢を示すため、獄中から地元紙に声明を出す。その内容は、「これまでエリート層に牛耳られてきた選挙は、憲法制定議会（以後、制憲議会）の招集を受ける方向に向かうべきだ」というもので、シモン・ボリバルの言葉を引用し、「歴史は、政治腐敗がごまかしでは直せないことを示している」という言葉で結んだ。もちろん、当時の憲法は全てのベネズエラ人の投票権を認めているが、チャベスによれば、有力候補は常に、民主行動党とキリスト教社会党の二大政党に所属しているため、政治不信を抱く貧困層の投票率は低く、結果的に二党いずれかの公認候補が組織力を生かして当選する仕組みになっているのだ。チャベスは、現行憲法下の選挙では、二大政党の候補者が当選するだけだと考え、大統領選の数カ月前から、選挙への棄権を呼び掛ける運動を始めた。

チャベスの意を受けた市民は、地域を回り、民衆に呼び掛け、選挙に反対する署名集めを開始した。棄権を呼び掛ける集会も開かれ、その動きは頻繁にラジオやテレビに取り上げられた。チャベスは後に、「この運動により、棄権率は上昇し、ＭＢＲ２００の組織強化にも役立った」と述べている。それは、兵舎にあって、物理的に政治運動が困難な中で、チャベスが取った最善の手段だった。

九三年一二月の大統領選で当選したのは、キリスト教社会党の創設者であるラファエル・カルデラだった。カルデラは、二党政治批判を避けるため、キリスト教社会党と距離を置き、新党国民統一党（コンベルジェンシア）を結成して勝利した。しかし、カルデラは少数与党のため、宿敵だった民主行動党の支援を受けざるを得なくなり、実質的には二大政党が政権運営している状態に変わらなかった。カルデラは経済政策で新自由主義経済路線を踏襲したが、国民生活が目に見えて好転することはなかった。

チャベスが制憲議会招集の必要性を感じ始めたのもこのころだった。チャベスは自身の反乱とその後の民衆の支持を見て、「民衆の抗議は、沸騰から爆発の段階へ達した」と形容した。民衆のエネルギーを取り込む手段として、チャベスは、憲法第四条の「主権は民衆にあり、民衆は投票（国民投票は投票の一形式）によってこれを行使する」という条文に着目した。これを憲法によって具体化し、民衆の持つ主権を政治に反映させるために、大統領が国民投票を招集することを可能にするというものだった。「憲法だけでは、食べることはできないし、道もできないし、住居もできない」と非難する同志もいたが、チャベスは、民衆の権利を擁護するため、制憲議会を招集することが、大統領の重要な職務と考えるようになっていた。

出獄・選挙運動

一九九四年三月、チャベスはジャレ兵舎を出所する。当時のカルデラ政権が、軍籍のはく奪を条件に、恩赦で釈放を認めたのだ。カルデラ大統領はもともと、九二年二月のクーデター未遂事件について、チャベスに好意的な演説を行っていた。チャベスによれば、カルデラは当時、「政治的に死んでいたが、二月四日で生き返った」というのだ。国民的な人気を得たチャベスに理解を示すことで、当時のペレス政権を攻撃し、結果的に大統領になれたというのだ。大統領選に当選後、カルデラにとってチャベスは不要となったが、チャベス待望論という世論の圧力に抗しきれなかった。

出獄の日、約二〇人の記者がチャベスの登場を待っていた。後に国会議員を務めるチャベス側近のフアン・バレトの段取りで、チャベスは新たな政治闘争の意志表明を行う予定になっていた。チャベスは約束の時間に二時間遅れて、古いフォルクスワーゲンに乗ってやってきた。チャベスは遅刻を謝り、一人ひとりの記者と堅い握手を交わし、笑顔を振りまいた。「みなさんもコーヒーはいかがですか」と気を配りながら、家族や子どもたちのことを話し始めた。さらに、路上で菓子を売った少年時代の思い出も語った。ジャレ兵舎で、チャベスから録音したテープを返送され、娘が事故死した際には励ましの言葉をもらったデシレ・サントス・アマラル記者も、この時がチャベスとの初対面だった。サントスは、「野球を愛する一人のベネズエラ人、情熱でチームを率い、平等な社会を築くためにけっして希望を失わない男だった」と称賛した。

出獄から三日後、チャベスは、兵舎に本を届けてくれたクリスティナ・ゴンサレスらをカラカスで昼食に招待した。チャベスはゴンサレスを見ると、涙を浮かべ、「あそこ（兵舎）では、死ぬことも考えた。でも、自殺したら、私を支えてくれる何百万の人を見捨てることになると思った」と語った。ゴンサレスは「ウゴ、あなたを愛しています。あなたは何とすばらしいことか。何と幸運を背負っていることか」と返した。チャベスが人前で涙を流すのは極めて異例だ。それほど、出獄に気持ちをたかぶらせたのかもしれない。

出獄したチャベスをメディアは追い続けた。後に副大統領となるホセ・ビセンテ・ランヘルが司会を務めるテレビ番組「ホセ・ビセンテの今日」にも出演した。労組出身でチャベスの政治組織作りに尽力するルイス・ミキレナが、長年の友人であるランヘルにチャベスを紹介したと言われる。番組を通じて、二人は親しくなり、チャベスは次第に、ランヘルを「ホセ・ビセンテ」とファーストネームで呼ぶようになる。また、後に反チャベスに転じたカラカス首都区長官のアルフレド・ペニャも、チャベスを自分のテレビ番組に呼んだ。チャベスの行く先々で人垣が生まれ、カラカスで集会を開くと、数千人が駆けつけたほどだった。しかも、その大半が貧困層だった。母親のエレナは「九四年に出所した時の人気は異常なほどだった」と回想している。

出獄後、チャベスは記者に今後の方針を聞かれ、「権力へ」と答えている。そして、チャベスは、「ボリバル革命運動（ＭＢＲ２００）」の再生に取り組む。九二年の反乱後、民衆の支持の受け皿を作るためであり、チャベスが武装闘争を捨てたことを意味する。チャベスはチリの心理学者マルタ・アルネッカーとの会見で、出獄後に民衆の興奮を目にし、「国中を回り、民衆を組織しようとした。この仕事によって、私は自然な形でリーダーとなった。その役割をほかの人に任すことができなかった。私の指導力が危険に陥り、ほかのリーダーが出てきた時、私は彼を支持することに何の問題もない」と自信満々に語っている。

まず、運動の中核となる活動員を増やさなければならなかった。チャベスは会合を開き、側近をリクルートしていくことが多かった。例えば、後に上級教育相となるエクトル・アウグスト・ナバロ・ディアス。チャベスと初めて会ったのは九四年七月だった。チャベスは、人的交流を深めながら、新自由主義経済（ネオリベラリズム）に代わる政治・経済システムの可能性を探るため、カラカスで秘密裏に会合を開いた。八九年のカラカソ暴動で多くの市民が死亡して以降、ベネズエラ中央大学などではネオリベラリズムに代わる経済システムの追究が始まっており、当時、理工系の教授だったディアスも会合に招かれたのだ。チャベスは、司令官クラスの将校を四、五人引き連れ、軍、大学、民間から約二〇人が参加した会合を取り仕切った。

ディアスは当初、軍人が政治に関与し、軍政を敷いた中南米の歴史を思い起こし、チャベスの政治参加には否定的な見方を持っていた。しかし、会合でのチャベスは高圧的な姿勢を取らず、冗談を交えながら、気さくに分かりやすく、参加者に持論を展開した。チャベスはディアスに対し、「あなたの父親（エクトル・ナバロ・トレス）もかつて軍にいて、ペレス・ヒメネスの時代に反乱を起こし、刑務所に入れられた」と言葉をかけた。そして、「あなたも、不正義や不公正に対して、父親の反逆精神を見習わなければならない」とつけ加えた。ディアスは、自分の父親の経歴を熟知していたチャベスに脱帽した。ディアスは、チャベスが当時、「家族や私的な情報を把握しながら、周囲と直接的な人間関係を築いていったに違いない」と述べている。

チャベスは、民衆への訴えにも積極的だった。チャベスは、都市、農村、先住民地区、貧困層地区と全国を駆け回った。その目的は、第一に、兵舎に投獄されていた時の支持に対する感謝、第二

チャベスの叔父ヒルベルト・ロンバノ

に、国家のための計画を示すことだった。チャベスはこの運動について、「民衆が団結することだ。刑務所を出てから、この組織化が始まった」と説明している。具体的には、九二年二月以前は、半ば秘密組織だった「ＭＢＲ２００」内部にボリバル委員会を設置、市民に参加を募り、地方組織の結成と強化を急いだのだ。チャベスはそれを「民衆運動組織」と呼んだ。

チャベスは、叔父のロンバノが運転する車であらゆる場所に顔を出した。家から家へと訪問し、市民に直接計画を訴える運動だった。メディアの会見にも積極的に応じた。内陸部のオリノコ川とその支流アプレ川流域にも足を運び、二〇日間連続で全国遊説に出掛けたこともあった。本格的な全国遊説は三回以上になった。チャベスは行く先々で演説をしたが、内容を事前に準備せず、草稿を手にして話したことは一度もなかった。大統領選までの五年間、チャベスに同行したロンバノは「ウゴの演説はすべて想像力から来る。内容を用意した演説を一度も見たことがない」と証言している。

既成の支持基盤を持たないチャベス陣営の悩みは資金力だった。チャベス自身も「私はお金のない指導者だった。ときどき、ガソリン代を払う金もなかった」と振り返っている。チャベスが大統領選に当選するまで、チャベスの護衛や運転手を務めた叔父のロンバノによると、運動に使っていたチャベスの自家用車が盗まれ、動きが取れなくなることもあった。運動資金の大半は支持者の寄付によるものだった。遊説先で、民衆が差し出してくれる料理を食べて空腹をしのいだのが実態だった。カンパを募り、自宅を抵当にして借り入れをした友人もいた。チャベスはカラカスなどいろいろな場所に住んだが、中でも一番長かったのは、カラカス郊外にあるラボジェラという街で、やはり小さなアパートだった。当時のチャベスの睡眠時間は一日四時間程度だったと言われている。母親のエレナは「ウゴは九四〜九八年、いつも活動していましたから、大好きな絵を描く時間もなかったと思います」と語る。

こうした状況の中、チャベスの運動に共鳴する同志により、次第に支持が広がっていく。例えば、ミランダ州では、後に国会議長となるウィリアム・ララがボリバル運動の責任者を務め、支持者を拡大し、党員を勧誘する活動の先頭に立った。チャベスの弁護士だったシリア・フロレスは、報道官役としてチャベスの遊説に同行した。

また、チャベスはカルデラ政権と交渉し、反乱に参加して軍籍をはく奪された元兵士が軍に残れるように交渉を進めた。部隊に復帰しても、元反乱分子は、武器使用を許可されない「反乱予備軍」として冷遇されたが、チャベスは彼らを組織に取り込んでいった。有権者の抱える利害を巧みにちらつかせたこともあった。九六年九月、メリダ州の大学に呼ばれたチャベスは、「大学でも、縁故主義が横行し、国立大学への予算も危機的な状況にある」と訴えた。学生の一人、ウゴ・カベサスは、学内で巨額の不正支出疑惑を思い出し、チャベスの訴えに傾倒していった。カベサスはやがて、チャベスの運動に加わり、後に「第五共和国運動（MVR）」（八八ページ参照）の常任代表幹事になった。

当時、チャベスの計画の主眼は、憲法改正だった。チャベスは、フランスの憲法やルソーの社会契約説を学ぶうちに、憲法の重要性を認識し、国民の政治参加を保証する憲法の起草が重要と考えた。チャベスによれば、ベネズエラの現行憲法は、民衆の参加を十分に想定しておらず、それが長期にわたる二大政党体制を可能にしている。チャベスは一九九四〜九五年当時を振り返り、チリの心理学者マルタ・アルネッカーに対し、「我々は新たな武装闘争の可能性を否定しなかったが、その一方で我々にはその力がないことを知っていた」と述べている。さらに、「状況を分析すると、我々は、新たな反乱が狂気のさたであると認識した。我々は監視され、軍内部では新しい反乱を抑える手段が講じられ、重要な場所に政府側の人間を置いていたのだ」と断言している。

その時、チャベスは民衆の意向に注目した。世論調査によると、民衆の多くは暴力的な運動を好まず、平和的な政治運動を支持していたことが分かった。チャベスは九六年までは選挙に出ることを否定していたが、そのうち「選挙を棄権するという戦略の継続が有効かどうかについて疑いを持ち始めた」と語る。

そこで、チャベスは、選挙に参加するか否かを判断するため、心理学者、社会学者、教授、学生らのグループを組織し、独自に世論調査を行うことを決めた。九六〜九七年、国内を中央、東部、西部に分け、教授や学生らが、約一〇万人の市民に対し、「あなたは、ウゴ・チャベスが大統領候補になることに賛成しますか」「あなたはウゴ・チャベスに投票しますか」の二点を聞く調査を行った。回答はチャベスの予想をはるかに上回るものだった。最初の質問では「賛成」が七〇パーセント、二番目の質問で「投票する」は五七パーセントだった。面白いことに、五七パーセントは、チャベスが九八年の大統領選の得票率とほぼ同数だった。チャベスは、チャベス政権で科学技術相を務めたネルソン・メレンテスらとその結果を分析した。そして、チャベスは「この時、私は自分たちの取るべき道を確信した」と語っている。

「ボリバル革命運動（ＭＢＲ２００）」の内部では当時、選挙ではなく、あくまでも武器を取って革命を成就すべきとの意見も根強かった。しかし、チャベスはアルネッカーに対し、「武器が革命の道になることを誰が保証したのか。武器が反革命の道具とされたことが何度もあったではないか」と述べている。チャベスにとって、武器はこの時、悲劇的な道をたどる戦略としか思えなかった。換言すれば、武力蜂起は「二大政党が仕組んだわな」だった。チャベスは有事に備えて武器を手離すことはなかったが、最終的に、平和的な戦略を選択するという決断を下したのだ。チャベスはこの時、選挙について、「戦略の中にある戦術の窓」と語っている。当初は、「プント・フィホ体制」を打破できるか懐疑的だったチャベスも、選挙でそれを打破し、憲法改正に乗り出すことが最良の選択肢に思えた。

「ＭＢＲ２００」は九七年四月、バレンシアで全国大会を開き、選挙に参加することを決定した。これにより、「ＭＢＲ２００」は後に、「第五共和国運動（ＭＶＲ）」に発展し、九八年大統領選で重要な役割を演じることになる。

ところで、チャベスは「外交」にも関心を持ち始めていた。出獄後、九四年一二月、キューバを初めて訪問し、フィデル・カストロ国家評議会議長から国賓級の歓待を受けた。チャベスは、空港に自身を出迎えたカストロに感激した。さらに、隣国コロンビアの首都ボゴタにも出向き、オラシオ・セルパらコロンビア憲法議会の三人の共同議長と会談する機会も得た。こうした外遊の目的について、チャベスは後に、「長期間にわたる国家計画、すなわち、中南米とカリブ海諸国、さらに世界の別の地域との同盟を目指したものだ」と語っている。こうしたチャベスの「外交」を支えたのが、経済学者で、後に計画・発展相となるホルへ・ジオルダニや、教育・文化・スポーツ相を務めるエクトル・ナバロらだった。

しかし、国外での注目度は今ひとつだったのが実情だ。チャベスが初めてアルゼンチンの首都ブエノスアイレスを訪れた時、左翼政党や左派系知識人はチャベスにまったく関心を示さなかった。エルサルバドルで左派系のフォーラムに出席した際は、「気をつけろ、クーデターの中佐」と罵倒され、敬遠された。このほかにもチャベスは九四〜九五年、中南米諸国を訪れ、重要な人物との接触を試みるが、あまり成功していない。メキシコでは、メキシコ連邦地区の市長に選出されたクアテマク・カルデナスと会合を持ったが、「あいさつ程度に終わった」（チャベス）という。

国内でのチャベスの悩みは、別の左派勢力との確執だった。チャベス自身、この時期を振り返り、「私は左派の人たちにも嫌われていた。特に、〝原理主義〟の人たちは私を望んでいなかった」と語る。九三年一二月の総選挙で、チャベスは獄中から棄権を呼び掛けたが、急進大義党はチャベスに協力を打診していただけに、同党幹部のパブロ・メディナやアンドレス・ベラスケスは、「チャベスは棄権を叫んで政治の発展を阻害した」と批判した。急進大義党は総選挙で、二大政党への批判票を取り込み、議席を伸ばしたため、その後もチャベスとの関係は冷却状態が続いた。

また、本来は支持基盤となるべき労働組合の受けも良くなかった。チャベスがよく引き合いに出す例は、九四年か九五年のメーデーの日に開かれた集会での出来事だ。この日、ベネズエラ労働総同盟（ＣＴＶ）やベネズエラ労働者連合総同盟（ＣＵＴＶ）などが会合を開いたが、招待されたチャベスは一般席に席をあてがわれ、貴賓席にいた労組幹部は、だれもチャベスにあいさつをしなかった。チャベスの存在に気づいた組合員がようやく、幹部に「あなた方は、チャベス司令官にあいさつをしないのか」と迫ったところ、幹部の一人が「ようこそ」とだけ言葉をかけたという。チャベスはこの出来事を語る時、「私はこのことをけっして忘れない。私は侮辱されたのだ。考えてみてほしい、私はベネズエラの左派の政治社会を代表しているのに、幹部のこの態度は何だ」と憤慨している。結局、チャベスは退役軍人や、ルイス・ミキレナら労組出身の活動家とともに、運動を進めていく。

家庭生活も政治情勢の犠牲となった。チャベスは七〇年代、ナンシー・コルメナレスと結婚し、ロサ・ビルヒニア、マリア・ガブリエラ、ウゴ・ラファエルの三人の子どもをもうけた。しかし、ナンシーはチャベスが出獄した際、離婚を決意、一八年間の結婚生活にピリオドを打つことを決める。チャベスの運転手役だった叔父のロンバノは、「政治に没頭して、ほとんど家族と過ごす時間がなかったためだ。ナンシーも状況にうまく適応できなかったのではないかと思う」と語っている。

当時、夫人と子どもたちはバリナスに住んでいたが、チャベスの休日は月に一日程度だった。チャベスは、バリナスに戻っても、支持者が訪ねてくるため、完全な休日は皆無に等しかった。多忙なチャベスに代わり、ロンバノは、チャベスの子どもたちの面倒を見て、子どもたちの文房具、食事、服を用意した。ロンバノによると、当時、チャベスの最大の関心は、「民衆をどうやって組織化するか」であり、家族の〝犠牲〟は避けられなかったという。チャベスの母エレナは、離婚について、「あまり話したくない。あまり気持ちがいいものじゃない」と述べるにとどまっている。

一九九八年大統領選

チャベスは一九九七年に入り、もともとは軍内部の秘密組織だった「ボリバル革命運動（ＭＢＲ2

00)」を「第五共和国運動（MVR）」に改組した。党名に、国父であるシモン・ボリバルの名前を使うことを禁じる法律が施行されたためだ。一説には、この新法はチャベス一派に対する嫌がらせとも言われている。MVRによると、共和国のうち、「第一」は一八一一年の独立で誕生、「第二」は一八一三年、「第三」はグラン・コロンビア（大コロンビア共和国）、「第四」はグラン・コロンビアを離脱した一八三〇年以降を指す。ゆえに、「第五」とは、新たな政体を構築するための政治運動にほかならない。

チャベスは同時に、九八年大統領選への立候補を表明した。ミランダ州の責任者だったウィリアム・ララが全国選挙チームに移り、事実上の選対責任者として指揮する体制も整えた。国民的な人気で支持を広げていたチャベスだが、メディアの大半からは当初、泡沫候補と見られていたのが実情だ。その理由として、元軍人で過激な左派思想を持つイメージが挙げられた。支持母体は、MVRと、「皆のための祖国（PPT）」だけだった。PPTは、チャベスを支持するため、九七年に急進大義党から分離した勢力だ。実際、出馬宣言当初のチャベスの支持率は数パーセント程度に過ぎなかった。持論の貧困層の救済、民主行動党とキリスト教社会党の二大政党制の打破、憲法制定議会の発足を主要な選挙公約に掲げたが、政治・経済の枠組みの継続を望む中産・富裕層から敵視されていた。

事前の世論調査でトップだったのは、イレネ・サエスだった。ベネズエラは美人の宝庫と言われるが、八一年のミス・ユニバースに選ばれたのがサエスだった。イレネの愛称で親しまれ、九三年には、カラカス首都区を構成するチャカオ市の市長を務めている。持ち前の美貌や圧倒的な知名度に加え、自ら無党派層を率いた「イレネ運動」を選挙母体とし、行政改革の断行や財政均衡を掲げる選挙運動を展開。「民主的要素」といった小政党の支持を受けながら、二大政党とは一線を画したことで、九七年後半まで四割近い支持率を得ていた。

ところが、九八年三月に民間調査会社が行った世論調査で、チャベスの支持率は一七パーセントに上り、サエスを抜いてトップに躍り出た。衝撃を受けた共産党は従来の壁を取り去り、「チャベス司令官を支持する」との声明を出した。左派の人民選挙運動（MEP）のほか、カルデラ政権で連立与党の一角を占めた社会主義運動（MAS）も六月以降、相次いで支持を表明した。

第五共和国運動（MVR）の組織面を担当していたルイス・ミキレナはチャベスの意を受け、こうした政治勢力の結集に乗り出し、三党からなる政党連合「愛国極（愛国連合、PP）」を結成する。

支持急増の背景としては、チャベスが二大政党の四〇年に及ぶ「無策」と「腐敗」を強烈に批判したことが挙げられる。二大政党の合計得票率は、七三・七八・八三・八八年の大統領選で八割を超えていたが、九三年の大統領選では四割余にとどまり、退潮傾向が明らかだった。この時期も、カラカス首都区を構成するチャカオなど五市のうち、中流階層が集まるバルータ市の市長選で、市民団体の指導者、サンブラノが二大政党を批判して当選している。MVRが、二大政党に対する国民の不満の受け皿になったと見られ、ララはこの頃、「カラカスでやった集会はすごかった。選挙運動を始めてから、チャベスブームとなった。ずっと（支持は）上昇し続けた」と語っている。

一方、サエスはこの民意を読み取れなかった。サエス人気に水を差したのが、二大政党の一角、キリスト教社会党の支持を求めたことだ。サエスは支持率を上げるため、小党「民主的要素」の反対を押し切り、同党の組織力に期待したが、変化を望む国民からそっぽを向かれる形となった。キリスト教社会党との合流により、サエスの支持率は急降下していく。さらに、首都圏でもう一方の大政党である民主行動党と選挙協力を結んだことも打撃となり、選挙直前には支持率は一〇パーセントを割り込む状態となった。ちなみに、サエスはチャベス政権発足後、ヌエバ・エスパルク州知事の急死を受け、「愛国極」の支持を受ける形で、同州知事選に出馬、当選したが、チャベスは二〇〇〇年選挙でサエスの再選に反対、サエスは不出馬に追い込まれた。

一九九八年六月の世論調査で、サエスを抜き、チャベスに次ぐ二位に浮上したのが、エンリケ・サラス・ロメルだった。カラボボ州で生まれ、米国に留学し、イエール大経済学部を卒業した典型的なエリートだ。八三年にキリスト教社会党の下院議員となり、八九年にはカラボボ州知事選に当選した。九六年以降は、息子のサラス・フェオに州知事を譲り、以後は大統領選の選挙活動に専心する。サラス・ロメルは、米国流の開放経済、特に石油の民営化を打ち出し、富裕層を支持基盤としたが、チャベスの当選を阻止したい中上流層が、サエスに代わる候補としてサラス・ロメルを支持した。党派は独立系を維持していたが、傾向としてはサエスと似ている。

九八年一一月八日の国会議員選、知事選で、MVRが大幅に議席を伸ばすと、民主行動党とキリスト教社会党は一二月の大統領選で、勝ち目のない独自候補の支援をやめ、投票日直前になって、サラスを統一候補として支持した。チャベスの当選阻止への強い意思表示だが、サエス凋落の理由を知るサラス・ロメルは、二党と協議する意向はないと表明した。しかし、二大政党と裏で結託しているとの印象はぬぐい切れなかった。

一方、チャベスの選挙戦の追い風として、当時の経済情勢が大きく影響したと言われる。中南米諸国では九〇年代、規制緩和や投資促進を柱にした新自由主義経済（ネオリベラリズム）が採用されたが、これが貧富の格差を生んだ。石油収入に恵まれるベネズエラは本来、他国に比べて生活水準は総じて高いはずだが、国連の統計などによると、国民の七割が貧困層という状況だった。また、九四〜九五年に銀行危機が広がり、当時の銀行のほぼ三分の一にあたる一六行が政府に接収されるという金融危機が国民生活を直撃した。日本でも、「小さな政府」を基本にした経済政策が、持てる者と持たざる者との格差を拡大させたとの指摘が出ているが、ベネズエラでは、歴史的に形成された階級社会の構造がこれに加わるため、格差の度合いは日本の比ではない。

ネオリベラリズムは一面において、カラカスで目にする路上生活者や、街角に立つ売春婦を増やし、現政権への不満のエネルギーを蓄積させることになった。チャベスは「すべての州知事と市町村長を代えよう」と演説し、地方自治体の民選首長も選挙で打倒することを呼びかけた。それは、選挙によって、ネオリベラリズムを追認する現役政治家をすべて取り換えようというメッセージであり、現状変革を望む下層階級がチャベス支持を鮮明にしていくのだ。

チャベスは選挙戦後半でも、二大政党の「政治エリート」の一掃を掲げたが、一方では、これま

1999年２月２日、チャベス大統領就任式（※）

で敵視していた、日本の経団連にあたる「ベネズエラ商工会議所連盟（フェデカマラス）」と対話を開始するしたたかさも見せた。これは、チャベスの当選が着実視されるに従い、国家の左傾化を危惧する資本家や国際金融市場の不安を取り除くことが狙いだった。

九八年一二月六日の投票日。チャベスは当選を確信していた。投票率は六三・七六パーセント。チャベスは有効投票の五六・二四パーセントを獲得。サラス・ロメルは三九・九七パーセント、サエスはわずか二・八二パーセントだった。この夜、開票率が六割を超えた段階で、サラス・ロメルが敗北を認めると、カラカスはお祭りのような騒ぎとなった。赤色のシャツを着た市民が路上で踊り、花火が上がった。熱狂的な雰囲気の中で、チャベスは勝利演説を行う。

「ベネズエラは生まれ変わろうとしている」

「私は国民のために戦う」

「私の政府は国民の政府になるだろう」

クーデターを起こした〝反逆者〟が、大統領に選出されたのだ。この時、チャベスの大叔母、アナ・ドミンゲス・デ・ロンバノは、テレビに映し出されたチャベスを見て、「本当に生き生きとした表情でした。彼が軍服を着てテレビに出るたびに、父親を思い出します」と語った。アナの父は、チャベスの曽祖父で、農民運動を率いた伝説の英雄ペドロ・ペレス・デルガノだ（二二ページ参照）。

母親のエレナは、泣きながら、「神様、感謝します」と繰り返していた。エレナと対面したチャベスは、「勝ったよ、母さん。民衆は私たちを応援した。この民衆を裏切るわけにはいかない。誠意をもって民衆を救済しなければならない」と語った。エレナは、この夜のことを思い出すだけで興奮しているようだった。「それは、もう説明もできない大変な気持ちでした。選挙の勝利で、私の人生も変わりました。大統領の母になったのですから。想像もしなかったことです。息子のおかげでこんな運命が訪れるとは思いませんでした」。

一方、民主行動党とキリスト教社会党の二大政党のチャベスへの反撃はすでに始まっていた。チャベスの独裁的な性向を指し、「ムッソリーニ」「カストロ」などと呼んでいた。また、チャベスが当選した場合、クーデターが起こるとの風評が流れ、カルデラ大統領が「政府と国軍は選挙結果を尊重する。選挙結果は平和的に受諾される必要がある」と発言したほどだった。

チャベスの当選はすでに、国内の争乱を予感させるものだった。大叔母・アナは北部マラカイの新聞『エル・シグロ』（九八年一二月八日付）と会見し、こう言ったという。「私が大統領になる彼（チャベス）に求めることは、治安です」。皮肉にも、その治安はこの時から悪化に向かっていく。

第3章

反チャベス勢力との死闘

最初の仕事は憲法改正

大統領選に当選した翌日の一九九八年一二月七日、チャベスは、カラカスを訪れていたカーター元米大統領と会談する。チャベスはその席上、政府を刷新し、憲法改正の国民投票に乗り出す考えを明らかにした。チャベスはさらに、石油公社・国営ベネズエラ石油（PDVSA）幹部の更迭を表明した。それは、公社幹部が石油産業の利益を独占しているとの持論を行動で示すことだった。ただ、対米関係には配慮を見せた。米政府高官はチャベスの当選後、「ベネズエラとの友好関係の維持を期待する」とのコメントを出したが、チャベスも対米関係の緊張は、二月二日の就任式までに緩和されるとの見通しを示した。

ベネズエラは、一九七〇年代のペレス政権による第三世界外交の時代を除けば、通商面で交流の深い対米関係を重視し、キューバ革命後にはキューバと断交したこともあった。外相に抜擢されるホセ・ビセンテ・ランヘルは、チャベスを警戒する米国の外交姿勢を批判したことがあったが、対決色を鮮明にしたわけではなかった。

当選したチャベスは多忙を極めた。母親のエレナでさえ、「兵舎にいた時よりも、大統領になってからのほうが、息子に会うのは難しくなった」とこぼした。側近の元弁護士、シリア・フロレス国会議員は、「選挙で勝ってから、大統領として大きな責任を背負い、睡眠時間は四時間ぐらいだった」

と振り返っている。

一九九九年二月二日、チャベスは国会で大統領に就任した。チャベスは就任演説で、シモン・ボリバルの言葉を引用しながら、「革命」によって、政治的な腐敗を一掃し、貧富の格差を是正することを宣言した。そして、民衆の不満が八九年のカラカソ暴動で爆発し、九二年に自ら起こしたクーデターが「不可欠だった」こと、さらに反逆罪でジャレ兵舎に投獄されていた際に、新政府作りの計画が始まったことを述べた。

そして、計画の具体化として、新憲法制定の構想を提案し、「立法府の審議や自由を妨害し干渉する」国会の二院制を一院制に改め、失業、住宅、貧困問題に取り組むことを公約した。そして、演説の最後で、ベネズエラ人の「団結」を訴えて締めくくった。実際、チャベスはその日に、最初の任務として、制憲議会開催の是非を問う国民投票の実施を命じる大統領令を発令した。

チャベスが就任早々、新憲法制定に乗り出したのには理由がある。

第一に、選挙公約の「ボリバル革命」を実行に移す上で、法的な環境を整える必要があった。チャベスは常々、憲法を「本流」、法律を「支流」にたとえており、「革命」の流れを加速させるためには、「本流」の整備が不可欠と考えたわけだ。

六一年に制定された旧憲法は、民主主義を擁護し、国民にさまざまな社会的権利を認めていたが、「革命」遂行には不十分だった。チャベスが「革命」の柱に据える石油公社の経営形態や大土地所有の実態については厳格な規定がなかったからだ。後に制定される新憲法では、石油公社の民営化は原則禁じられて「国家に属する」との条文が盛り込まれ、大土地所有にも制限が加えられ、教育・医療の無料化も明記、以後の「革命」に付随する政策を法的に容認する役割を果たす。

第二に、大統領権限を強化する狙いがあった。旧憲法は、大統領の再選が認められず、二院ある国会が国政に関与する場面も目立った。政治家個人の資質よりも政党公認が意味を持つことも多かった。「革命」遂行にはリーダーの指導力が必要と考えたチャベスは、それを憲法によって担保することを考えた。新憲法は、大統領の任期は一年多い六年となり、再選も認められ、国会は一院のみとなった。チャベスは、伝統政党の支持を受けなかっただけに、憲法改正により、立法府に依存しない政権運営を目指した形だ。

第三には、国会勢力を刷新する狙いが指摘されている。ベネズエラでは五八年以降、民主行動党とキリスト教社会党の二大政党が政権を担う時代が続き、国会も両党所属議員が議席の大半を占めた。九八年一一月八日に国会議員選、知事選、州議会議員選が行われたが、このうち、与党・第五共和国運動（MVR）は、知事選で民主行動党と同数の八州で当選、国会議員選では、上院当選者五四人のうち一二人（第二党）、下院当選者二〇七人のうち四六人（第二党）を獲得した。チャベスはMVRの伸長に功績のあったホセ・ビセンテ・ランヘル、ルイス・ミキレナ、アルフレド・ペニャらを入閣させる人事を断行したが、議員総数では民主行動党とキリスト教社会党がMVRを超えていた。

チャベスは後に、チリの心理学者マルタ・アルネッカーとの会見で、「私は、政権を取る戦略において、国会の重要性を常に認識していた。議席の大多数を取ることが基本的だった。なぜなら、その大多数が権力構成を決めることになるからだ。革命に関する法律を制定するには良い国会議員を確保することが致命的だった」と述べている。「革命」遂行の足かせになりかねない野党議員を新憲法で放逐する狙いがあったのかもしれない。

第四には、チャベスの持論である参加型民主主義を国民の前に具体的に示す狙いもあった。一般の国民も投書や公開討論会などの形で制憲の議論に参加してもらい、国民による憲法制定の実績を残すことを意図したと見られる。

六一年憲法には、制憲議会開催による新憲法制定の手続きに規定はなく、野党側はこの手続きを憲法違反として反発した。しかし、最高裁はチャベスが大統領就任前の九九年一月、制憲議会の権限には一定の制限を設けたものの、「国民投票で制憲議会開催が決まれば、同議会開催は合憲」と判断を下した。司法当局も制憲議会開催を支持する民意を無視できなかったとの見方が支配的だ。

就任後の九九年四月上旬に行われた世論調査で、チャベスの支持率は八割に達していた。チャベスはこの高支持率を背景に、次々と政策を実行していくことになる。

格差是正キャンペーン「ボリバル２０００計画」

社会分野では、格差是正のキャンペーンに乗り出した。チャベスは「ボリバル２０００計画」を表明し、軍人七千人、公務員七万人、市民二〇万人を動員し、これまで放置されてきた国境付近や離島、内陸部で、教育、医療、開発を進めた。就任当時、州知事や市町村長の大半は二大政党に所属し、チャベスの意のままに地方政治を動かすことは不可能だった。しかし、大統領官邸前では連日、「チャベスを頼らなくなるまで、私たちはここを去らない」と叫ぶ民衆が陣取っていた。公約を実行しなければ、権力の源泉である民衆の支持を失いかねない状況にあった。

そこで、チャベスが活用したのが、自らの出身母体である軍だった。チャベスは、陸海空軍と国家警備軍の四軍別に活動内容を分担し、それに応じたさまざまな計画を策定した。陸軍は、軍人と軍が所有する機材を投じ、農業専門家や技術者らを同行させ、国土開発を進めた。空軍は、ヘリや軍用機を投入し、乗客、ガソリン、日用品を道路のない地域にも輸送した。海軍は、「漁業計画２０００」の中で、捕獲した魚の冷却装置を修理し、漁師と協力した活動を進めた。国家警備軍は、非行防止など治安に関する仕事のほか、先住民の居住地区にも足を運んだ。先住民関連では、先住民が居住する森林地帯の川の名前を取った「カシキアレ２０００計画」が立案され、医師や薬を運んだ小舟が集落から集落を訪れ、子どもの診察をし、人々に予防注射を実施した。

中には、チャベスの直接体験に根ざした活動もあった。チャベスは以前、アプレ州バランコジョパルで五〇〇年間も遊牧・狩猟生活を送る先住民地区に行き、子どもがマラリアや結核で死亡し、売春や強姦が横行する貧しい集落の姿を目の当たりにした。チャベスは国家警備軍に対し、この地区にも、小舟で生活物資を届けるよう命じ、学校を建設する工事にも駆り出した。結果的に、住民は兵士と協力し、四ヘクタールの土地に、サトウキビやトウモロコシを植え、自給生活を送ることができるようになり、「共同体はよみがえった」（チャベス）という。

また、「ボリバル２０００計画」の中で代表的な活動として、「アビスパ計画」があった。ガルシア・カルネイロ将軍が中心となり、建設費を通常の三割に抑えた安い住宅を貧困層に供給する計画だった。また、「国家教育協力協会」と連携して、スペインから資金を調達、教育の機会を提供しようという計画もあった。さらに、医療分野では、軍が建設した診療所で、ボランティアの医師が民衆への診察を行う計画もあった。

チャベスは、「ボリバル２０００計画」の効果を強調している。例えば、軍の労働力や技術を活用することで、高速道路、住宅、橋梁の建設が大幅なコスト削減につながったと胸を張る。チャベスによると、本来なら五〇億ボリバル（一ドル＝六〇〇～六八〇ボリバル）かかる高速道路整備が実際には一五億ボリバルで実現したという。また、民衆が、集落や田園地帯で活動する軍人を指導者とみなした成果も挙げている。コヘデス州で計画を進める軍人トップが、民衆から州知事選への出馬を要請されたというのだ。その軍人から、「大統領、私にはやる気がある」と言われ、「どういうことか」と尋ねると、「州知事選に出るように要請されているのです」と語ったというエピソードをチャベスは頻繁に披露した。

政府によれば、「ボリバル２０００計画」の一九九九～二〇〇〇年の目標達成率は二八〇パーセントに達した。チャベスは計画について、「それは奇跡的なことが起こっているようなものだった」と総括しているが、計画に対する不満が鬱積していたのも事実だ。

対外債務は放棄せずに再編

経済分野では、国際金融市場で、チャベスが就任後、対外債務を放棄するのではないかとの観測が流れた。中南米には、ペルーのアラン・ガルシア大統領（一九八五～九〇年）のように、対外債務の一部放棄を宣言した左派色の強い政権が存在したためだった。しかし、チャベスは対外債務は返済すると繰り返した。チャベスは、チリの心理学者マルタ・アルネッカーと会見した際、「外債の放棄はメディアの情報に過ぎない。革命のプロセスには、外債の責任を認めないということはない」と明言している。

チャベスは、仮に外債の返済を拒否した場合、八〇〇万～一〇〇〇万ドルの節約が可能となり、社会発展の支出に振り向けることも可能となるが、後に、そのつけが「国内外でさまざまな問題を生むことになるだろう」と見ていた。石油、ガス、鉱石関連に携わる会社が国際金融機関に融資を求めても、「借金を払わない国の会社に金を貸すわけにはいかない」と言われることを危惧したようだ。

一方で、チャベスは後に、経済危機に陥ったアルゼンチン（注1）が、外債の再編を提案したことに理解を示している。発展途上国は、借金の不払いでなく、借金の棒引きが認められなければならないとの立場だ。チャベスは「我々は貧困に直面しており、月に五ドルしか稼げないのに、どうして三〇ドルを払うことができようか」と訴えている。

経済問題で、チャベスが就任早々に直面したのは財政問題だった。当時、原油価格は一バレル＝七ドルに過ぎず、歳入の半分を占めると言われる石油収入が低迷したため、予算も二割カットを余儀なくされた。公務員に支払う給与のめどが立たなくなった。

チャベスは、逼迫した財政を好転させる狙いもあり、計画経済の側面を持った経済政策を打ち出す。その主要戦略が、国家の経済開発を示した「二〇〇一～〇七年・経済開発プラン」だった。ホルへ・ジオルダニ計画・発展相が中心となり策定された戦略は、内閣と国会でそれぞれ承認された。

プランの主要な柱の一つが地方分権だった。政治、経済、社会の権力を分散し、中央政府の負担を減らすとともに、民衆に最も近い行政組織が地域の実情に応じて公共の福祉の充実を図ることが狙いだ。チャベスは、特別経済分配法（ＬＡＥＳ）を活用し、「分権のための政府間資金（ＦＩＤＥＳ）」を利用しながら、地方行政の裁量を増やす政策を実施していく。また、副大統領が主宰する連邦政府評議会で分権を促す立法措置を働きかける。

しかし、こうした取り組みは批判を浴びることにもなった。ベネズエラには、「クリオージョ」や「カウディージョ」と呼ばれる地方ボスが地域の利益を独占してきた歴史があり、チャベスのプランによって、知事の「クリオージョ」的地方支配が助長されるとの指摘だ。さらに、地域によって貧富の格差は歴然としており、アプレ、トルヒージョ、スクレといった貧しい州には中央政府から特別の支援が必要となる。チャベスは二〇〇二年時点で、「分権は地方には有効だが、その進展は非常に遅い。最も貧しい地域に対し、最善の努力が行われているわけではない」と打ち明けていた。

行政分野では、複雑な行政手続きの改善や官僚組織の簡素化が課題となった。チャベスは「小さな変化を達成するために、官僚主義の複雑さは数限りなかった」と打ち明ける。例えば、公務員の年金を引き上げようとする場合、複数の省にまたがる官僚的な手続きが必要となる。チャベス政権は、その対応策として、閣僚の数を減らし、行政府を統廃合、制度改革を実現する優秀な官僚を任命したと強調しているが、チャベス自身は、「統廃合が十分に進まず、その途上にある」と吐露している。「優秀な官僚」にしても、チャベスは、「我々は人選を十分に行わず、その場しのぎの応急処置だったため、結果として、間違った人材を多く任命した」と認めている。

新憲法発布

九九年四月二五日、チャベスは公約通り、制憲議会開設の是非を問う国民投票を実施した。国民への問いは、「参加型民主主義を可能にする新しい法律秩序の構築を目指した制憲議会を招集するか?」。投票率は四割に達しなかったが、九割近い圧倒的な支持を獲得した。

この投票結果を受け、七月二五日には、制憲議会選が行われた。政党関係者だけでなく、ジャーナリスト、先住民、歌手らも立候補した。与党連合「愛国極」は一三一議席中、実に一二〇議席を獲得した。

八月に発足した制憲議会は、ルイス・ミキレナ暫定議長の下、すべての公権力を再編する宣言を行った。宣言は、①共和国は深刻な政治的、経済的、社会的危機にある、②危機により、国民の大多数は貧困にとどまっている、③公権力の制度的危機は自ら脱することが不可能である、と指摘したうえで、制憲議会が再編の目的を達するために必要な手段を講じる、と明記した。

そして、制憲議会は、行政・立法・司法の全権力の高位に立つ機関として、「改革」に乗り出す。司法分野では、「司法非常事態委員会」（後の「司法制度機能再構築委員会」）が設置され、汚職などを理由に五割近い裁判官を免職させた。ソサ・ゴメス最高裁長官は、最高裁が八対六で「司法非常事態委員会」を受諾したことについて、「司法の独立に対する干渉を許した」と抗議して八月に辞任を発表した。長官は辞任声明の中で、「私は民主主義を侵害すると考えるものに荷担することはできない」と非難した。立法分野では、制憲議会が「立法非常事態」を宣言して既存議会の権限移譲に乗り出した。

制憲会議は九月以降、新憲法制定の審議を進め、左翼的な「ボリバル憲法」を起草した。一一月には、制憲会議は新憲法案を採択し、一二月一五日に、国民投票で七割の支持を得て承認された。一二月には、チャベス寄りとされる人物が最高裁判事や検事総長に指名された。チャベスは制憲議会をてこに、旧勢力で占められていた立法、司法、地方への支配を強めていく。「革命」とも言える手荒い変革で、大統領就任から一年もたたないうちに、三権をほぼ手中に収める態勢を整えたのだ。

一二月末、新憲法が発効した。国名を「ベネズエラ共和国」から「ベネズエラ・ボリバル主義共和国」に変更したこの憲法で、大統領任期は五年から六年に延長され、連続再選禁止の条項も削除された。国会は一院制となり、大統領には国軍上級将校を任命する権限が与えられた。さらに、石油産業の民営化を禁止し、先住民の土地所有権は「新大陸」の発見以前にさかのぼって認められた。

もちろん、「非暴力のクーデター」とも言われる変革には、批判がわき起こった。まず、新憲法制定の議論の過程が閉鎖的だという主張だった。これに対しチャベスは、チリの心理学者マルタ・アルネッカーとの会見で、「議論の過程はかなり開かれたものだった」と反論している。チャベスによれば、六一年憲法は、議会が設置した憲法制定委員会によって起草され、同じ議会によって承認されたが、九九年憲法は、国民投票によって制憲議会を招集するか否かを問うた点で、より民衆の参加があったというのだ。制憲議会の設置後でも、チャベスは「民衆が議論に参加できる委員会を設置した」と強調した。具体的には、民衆の意見を募る無料電話を開設し、民衆の考えを受理する地域議会が創設された点を挙げている。

第二の批判として、憲法議論にかけた期間が、八～一二月の五カ月間と極めて短期間だったという指摘もあった。最低二年間は議論が必要だと主張した知識人もいたし、憲法の条項一つ一つを国民投票にかけるべきだと主張した団体もあった。チャベスはこの点について、「緊急措置として、重要なことを犠牲にしなければならない時もある」と述べ、短期間はやむ得なかったと主張している。議会や地方政治は二大政党が支配しているため、高支持率を維持している間に、新憲法制定作業を一気に進めることが得策との判断があったのかもしれない。

教育予算の倍増、一〇〇万人の就学計画

新憲法に基づき、二〇〇〇年七月三〇日に行われた大統領選で、チャベスは得票率五九・五パーセントを獲得、新憲法下で初の大統領に選出された。同時に行われた国会選挙でも、与党連合「愛国極」が勝利した。「愛国極」を構成する政治団体は今や、「第五共和国運動（ＭＶＲ）」、「皆のための祖国（ＰＰＴ）」、「ベネズエラ共産党（ＰＣＶ）」、「社会主義運動（ＭＡＳ）」、「民衆選挙運動（ＭＥＰ）」に増えていた。

行政と立法権を握ったチャベスは、「ボリバル革命」に乗り出す。「ボリバル２０００計画」を本格的に実行に移し、教育部門では、教育予算を倍増、一〇〇万人以上の就学計画を進めた。キューバから八〇〇〇人の医師の協力を得て、貧困層への医療対策を進めた。教育と医療の充実は、チャベスの敬愛するキューバのカストロ国家評議会議長のライフワークでもあった。

国内で大権を手にしたチャベスは外交でも攻勢をかける。対米関係では、米国との相互軍事援助協定の延長を拒否。チャベスは演説で、米国の新自由主義経済（ネオリベラリズム）が、中南米諸国に貧富の差の拡大をまき散らしていると強烈に批判するようになった。

この時期、チャベスの最大の強みは、常に六割を超す支持率だった。背景としては、伝統政党を

〝抵抗勢力〟に仕立て上げ、大統領との激しい対立を演出する「劇場型政治」に国民が引きつけられた点が大きい。伝統的な支持団体を持たないチャベスにとって、大衆の支持は権力維持の最大の条件であり、変革の是非は別として、旧体制に立ち向かう新指導者のイメージは十分に大衆に伝わった。

さらに、従来の大統領には見られないパフォーマンスの側面も無視できない。チャベスはカラカスを離れ、積極的に地方遊説に出掛け、民衆に向かって直接、政治の狙いを訴えた。地方で名もない民衆と語り合う大統領の姿は、テレビや新聞によって好意的に報道され、多くのベネズエラ人が抱く大統領像を一変させた。

こんなこともあった。チャベスはある日、車中から、脚を痛めて歩くことができない子どもを抱えた女性を見つけた。チャベスは車から降り、二人に近づいた。女性は「息子は生まれた時からこういう状態で、今まで一度も手術を受けたことがないのです」と訴えた。チャベスは同行していた守備隊のトップに、「将軍、この子が手術できるように手続きを」と依頼したが、そのための経費の支出が二大政党の影響を受けていた会計当局の審査を通らなかった。チャベスは後日、このエピソードを材料に二大政党を酷評している。

一連の変革を陰で支えたのが、国軍だった。前述したように、軍人は「ボリバル２０００計画」の実施で前線任務を担った。チャベスはさらに、軍出身の経歴を踏まえ、「将軍や士官は、士官学校の同級生か教え子」と公言し、軍人を政権内部に積極的に登用した。石油公社副総裁など約五〇の文民ポストに側近の現役・退役軍人を起用、九二年クーデターに参加した軍人は復権した。例えば、ルイス・アルフォンソ・ダビラ国会（上院）議長や、ルイス・レージェス運輸通信相は、いずれも九二年クーデターの参加者だった。しかし、軍内部に反チャベス派が存在することが後に明らかになる。

こうした中、チャベスはさらに権力集中の道を突き進む。チャベス派が多数を占める国会は二〇〇〇年一一月、検事総長、最高裁判事、会計検査院院長らの任命手続きを定めた「任命法」を可決した。この法律は、一五人の国会議員と六人の民間人で構成される「特別評価委員会」が、二つの対話委員会委員を任命する。対話委員会は、検事総長ら該当ポストの候補者を「特別評価委員会」に提出、「特別評価委員会」が最終的に候補者を判断して国会に提出し、国会が任命するものだ。つまり、検事総長や最高裁判事の任命が、国会議員らの意思に左右されることになり、チャベス政権が間接的に司法に介入する余地を与えるものだった。

さらに、その後の政治情勢に大きな影響を与えたのが、「授権法」だった。チャベス派国会議員は二〇〇〇年一一月、大統領に対して一年間、国会審議を経ず、政令だけで立法措置を行う権限を与える「授権法」を制定した。

チャベスの政策や方針はもちろん、従来の政治の恩恵を受けてきた中産・富裕層にとっては、絶対に容認できる内容ではなかった。日本の経団連にあたる「ベネズエラ商工会議所連盟（フェデカマラス）」、労働組合、カトリック教会、地主、メディアのオーナーらは、チャベスから「敵対勢力」

との烙印を押され、不満を増幅させていった。そんな中、突如として制定された「授権法」は、大統領の強権政治を象徴する法律であり、反政府勢力にとってチャベス「独裁」批判の恰好の理由となり、反撃の火ぶたが切って落とされる。

政情不安

二〇〇一年に入ると、チャベス人気にも陰りが見え始める。チャベスの支持層はもともと、四〇年余にわたる民主行動党とキリスト教社会党の二大政党の支配の中で、経済的に苦境を強いられた貧困層だった。しかし、チャベスの登場から二年近くがたつのに、生活が改善した実感を持てなかった。統計によれば、生存に必要な最低限の食糧も確保できない「極貧層」は約四割で以前と変わらず、失業率は一七〜一八パーセント台の高率のままだった。

さらに、原油価格の下落が国家財政を直撃した。ベネズエラの石油価格は〇一年八月末には一バレル＝二一ドルだったが、同年末には一バレル＝一五ドル近くまで下落した。二〇〇〇年一一月、政府は国内外債の借り換えのため、一・五兆ボリバル（一ドル＝七二三ボリバル）に及ぶ国債発行を発表、債務は倍増している。

財政難により、〇二年二月には、公共支出を二二パーセント削減する緊縮型予算計画を発表する事態に追い込まれた。財政赤字の拡大や原油価格の低迷により、為替相場は下落し、〇一年を通じた外貨準備高の減少は一〇パーセントを上回った。米国の格付け会社は〇二年二月、石油公社・国営ベネズエラ石油（PDVSA）の格下げを発表、国際金融市場で「ベネズエラ売り」が進行した。

〇二年二月一二日、チャベスは新経済政策を発表する。内容は、①許容変動幅内に通貨ボリバルを維持する「為替バンド制」を廃止して変動相場制への移行（注2）、②財政支出削減、③中小企業への低利融資の継続――が柱だった。変動相場制への移行は、石油価格の低迷で外貨準備の減少が見込まれたためで、当然のごとく、通貨ボリバルは売られ、〇二年一月末に一ドル＝七六五ボリバルだった為替相場は、翌二月末には、一ドル＝一〇三八ボリバルまで急落した。財政支出の削減は、石油の価格下落で石油収入が当初より二割削減し、歳入不足に陥ったためだった。

これまで、沈黙を守っていた経済界の反発が相次いだ。ベネズエラ商工会議所連盟（フェデカマラス）のペドロ・カルモナ会長が「時限爆弾が爆発した」と痛烈に批判したのをはじめ、ベネズエラ商業連盟のブラソン会長も、今後のインフレ圧力に懸念を表明し、経済政策の失政を追及した。

チャベス政権に不満を感じていた各勢力が政権批判に加わる。国軍では、チャベスが「ボリバル２０００計画」で軍人を公共工事などに投入、本来業務ではない仕事を強制されたことへの不満が広がっていた。計画には、軍人の政策関与を強めた側面もあったが、突然、地方の土木作業に送り込まれた心境は穏やかではない。また、計画への資金供給が不明朗との疑惑が噴出し、新聞は、疑惑の渦中にいる軍人のリストを掲載した。住宅修復費として計上された二〇〇〇万ボリバルの使途が不明となる事件も起こった。中佐だったチャベスが軍服を着て、年上の軍幹部に命令を出したことも不興を買った。

さらに、二〇〇一年二月には、左派系ジャーナリスト出身で、外相だったホセ・ビセンテ・ランヘルが、国防相に就任する人事に、軍内部には動揺が走った。軍人出身者が国防相を務める慣例が破られ、文民出身者が初めて就任したからだ。チャベスは、側近から、軍が失業中の若者を雇用し、彼らを計画に組み込み、地域に根づいているとの報告を受けていただけに、軍内部の不満をごく一部の現象としか受け取らなかった。しかし、軍部保守派の間でチャベス放逐の計画が着々と進められていく。

労働組合の中では、ベネズエラ労働者総同盟（ＣＴＶ）が、反チャベス派の中核となった。ＣＴＶは、国内最大の労組と言われ、伝統的に民主行動党の支持母体だった。ベネズエラでは七〇年代以降、政界、労組、企業家が協議を重ねる形でお互いの利益を擁護してきた。チャベスは労働組合が労働者の利益を代弁せず、旧権力との癒着を重ねていると判断、労組勢力を打破するため、労働組合役員の職務停止を実施した。二〇〇一年一〇月に行われたＣＴＶの役員選挙で、民主行動党系のカルロス・オルテガが、チャベスの擁立したアリストブロ・イストゥリスを大差で破り、書記長に選出された。

これは常勝を続けるチャベスに冷水を浴びせた形となり、政治への不満の高まりを示す結果として注目された。選挙管理当局も投票結果を認めたが、イストゥリス陣営は選挙に不正があったと主張、証拠書類を当局に提出した。しかし、それは退けられ、チャベスはこの時のことを、「選挙管理当局が、国家の重要な機能として完全に中立化していないことを物語っている」と批判している。

カトリック教会も、チャベス政権への不信感を強め始めた。教会はもともと、保守層の支持者が多く、米国とバチカン市国が八〇年代に国交を樹立して以来、政府に対し、良好な対米関係を求めてきた。ところが、チャベスが、保守層の利益を批判する言動を繰り返し、公立学校では、左派的なボリバル思想をカリキュラムに取り入れ、米国を敵視する教育が導入されかねなかったため、双方の不和が増幅していたのだ。

〇二年一月二四日、チャベスはベネズエラ駐在の外交団と新年会を開いたが、その席上、ドゥブイ法王庁大使が、外交団を代表して、「ボリバル革命」の急進化を憂慮していることを表明した。これに対し、チャベスは、一時間半にわたり、反論の演説を行い、大使の発言が内政干渉で、カトリック教会の高僧を「腫瘍」と断じて猛烈に批判した。同年三月、ロドリゲス内務司法相は、ベネズエラ司教会議（ＣＥＶ）を訪れ、ポーラス司教らと会談し、対話への道を模索するが、ポーラス司教は、相次ぐ反政府デモとチャベス支持者の衝突に懸念を表明し、政府と距離を置く姿勢は崩さなかった。

反チャベス包囲網

反政府運動の広がりに危機感を抱いたチャベスは〇一年五月、「ボリバル主義サークル（ＣＢ）」と呼ばれる行動隊を組織した。キューバのカストロ国家評議会議長が創設した住民相互の監視組織

「革命防衛委員会（ＣＤＲ）」に起源があるとされる。チャベスはＣＢを「民衆が革命を防衛するために組織された。それはしずくのようなものだ」と評価する。活動員一人ひとりがしずくで、それが結集して大きな川となるという意味だ。ＣＢは七、一〇、一五人の集団で、地区や共同体ごとに創設され、女性、若者、農民らが取り込まれていく。

チャベスは「川が増えれば、ボリバル主義者の力は増すことになる。それは革命の過程を強化することだ」と言い切る。チャベスは、ＣＢは近所の老人の面倒を見て、環境の美化に取り組む地域再生を目指した団体である点を強調する。政府の財政支援を受けていない点も必ずつけ加える。しかし、反政府勢力は、ＣＢが警察から武器を得ていると指摘し、チャベス政権防衛のための自警団とみなして、批判するのだった。

こうした中、チャベスと反政府勢力との対立を決定的にする出来事が起こる。チャベスは失効寸前だった「授権法」に基づき、〇一年一一月、四九の政令を下した。その中には、海岸地帯を国有化する海岸法、遊休地を国有化する土地分配法、石油の採掘権に関連してＰＤＶＳＡが政府に支払うロイヤルティーを一六・七パーセントから三〇パーセントに引き上げ、あらゆる採掘計画でＰＤＶＳＡの利権比率を五一パーセントとする改正炭化水素法などが含まれていた。

経済の国家統制的な色彩が濃厚だったが、チャベスは四九の政令について、「歴史的な観点から見ると、特権的な支配階級の利益を奪うものだった」と定義した。実際、少数の牧場主が広大な土地を所有してきたベネズエラで、零細農民の遊休地への入植を容認した法律は、地方の大地主の反発を買い、ＰＤＶＳＡが政府に支払うロイヤルティーの引き上げには、石油産業に投資する外国企業とＰＤＶＳＡが真っ向から反発した。

このため、〇一年一二月、一連の政令に反対するストが起こった。ベネズエラ労働者総同盟（ＣＴＶ）と商工会議所連盟が主催したが、チャベス政権の発足後、初の全国的なストとなった。これを機に、チャベス退陣を求める運動は激しさを増していくことになる。実際、チャベスは後に、チリの心理学者マルタ・アルネッカーに対し、「我々が経済社会構造を変革しようという努力を続けている時、（反政府勢力は二〇〇二年の）四月一一日のクーデターの準備を始めたのだ」と語っている。

〇二年一月。チャベスは一年間の基本政策に触れる教書演説を行い、〇二年を「ボリバル革命強化の年」と位置づけ、平和的、民主的に「ボリバル革命」を続ける姿勢を表明した。ただ、この演説では、勢いを増しつつあった反政府勢力への配慮もにじませた。チャベスは、授権法については、「修正の余地がある」と述べ、国会が法案の修正作業に入るべきだとの考えを示した。

また、チャベスは国軍にも触れ、「軍人が罪を犯した場合には法律が適用される。軍は制度に忠実で、憲法と法律を遵守する」と述べ、政権への不服従には厳正に対処する方針を示し、軍内部の反チャベス派を牽制した。

しかし、一九五八年にペレス・ヒメネス独裁政権が崩壊した記念日にあたる一月二三日、「チャベス、出ていけ」と訴える反対派の大規模デモが起こった。カラカスでの参加者は八万人に上り、チャベス政権発足以来では最大の反政府デモとなった。

チャベスは直後、与党「第五共和国運動（ＭＶＲ）」の創設に関わった側近のルイス・ミキレナ内務司法相を交代させ、元秘密警察長官のラモン・ロドリゲスを後任とし、治安部隊の建て直しを図る。チャベスは反政府勢力に対抗するため、自身の軍事反乱から一〇周年にあたる二月四日、政権支持者を主体としたデモを企画した。チャベスはこの日、カラカスの国立霊廟でシモン・ボリバルに献花した後、国軍本部「フエルテ・ティウナ」に移り、一〇年前にテレビで反乱への責任を宣言した場所で、国内情勢が一〇年前よりも好転していると強調した。チャベスはその後の記者会見でも、「軍のクーデターが起こることはなく、自分の暗殺もあり得ない」と強調して見せた。チャベスはこの時、自身の国民的人気を高めた軍事反乱と一〇年後の自分をだぶらせることで、失いつつある国民の信頼を回復したいとの思いがあったに違いない。

しかし、事態はチャベスには不利な状況へと進んでいく。二月七日、ついに軍人が公然と反旗を翻したのだ。空軍のペドロ・ソト大佐がカラカスで開かれていたフォーラムに突然現れ、「大統領は最高裁、国会、軍を支配しており、ベネズエラに民主主義があるとは言えない。（中略）イデオロギーに基づいた制度が導入されるとは思わなかった。国民を抑圧する大統領に『ノー』を言わなければならない」と訴えた。

ベネズエラ近代史は、五八年に二大政党による政権交代が始まる以前は、軍事クーデターの歴史でもあった。例えば、四五年には、ペレス・ヒメネスらの「愛国軍事同盟」が反乱を起こし、一〇月革命と呼ばれるクーデターでベタンクール政権を樹立した。五八年以降の文民政権にとっても、国軍を掌握することが政権維持の絶対条件だった。

シビリアンコントロール（文民統制）の歴史が希薄なベネズエラでは、軍の離反は、政権崩壊の危機に直面する意味を持つ。現役軍人がチャベスへの不服従を宣言したため、メディアは一斉に飛びついた。ソト大佐は演説後、警察当局に拘束されたが、反対派市民が警察当局を取り囲んだため、大佐は釈放された。釈放されたソト大佐は大統領に七項目の要求を行う。それは、①大統領が演説で国民間の階級対立をあおることをやめること、②公式行事で軍服を着用しないこと、③「ボリバル２０００計画」の公共工事で軍人に与えられた権限を地方自治体に戻すこと……、いずれも中佐出身の大統領が軍を指揮し、軍人を本来業務でない公共事業の仕事に投入することを厳しく批判したものだった。ランヘル国防相は査問評議会でソト大佐の解任を決定した。

軍人の離反はソト大佐だけでは終わらなかった。フローレス国家警備軍大尉も、「国軍軍人の八割が大統領辞任を求めている」と述べ、公然と大統領辞任を求めた。さらに、二月一八日には、モリーナ海軍少将が、カラカスで記者会見し、「現政権下で最高裁、国会、検察庁らが憲法違反を犯している」と糾弾、大統領辞任を求めた。これは将軍クラスでは初の大統領批判となった。モリーナ少将は後に解任された。

一部のマスコミは二月、ベネズエラ軍人と、コロンビアの左翼ゲリラ組織幹部が協議している模様をスクープとして伝えた。以前から疑惑を呼んでいたチャベスの左翼ゲリラ支援を立証する資料として、国の左傾化に危機感を抱く国民の不安をあおった。

二月二三日、陸海空軍と国家警備軍の四軍を統括するリンコン国軍司令官は、民主主義を尊重して、大統領への支持を呼び掛けた。チャベスは建て直しに懸命だった。二月二七日、カラカソ暴動から一三周年目にあたるこの日、チャベスは支持者三万人と行進した後、「私は辞任する考えはなく、二〇一三年まで大統領を務める」と明言した。しかし、同日行われた反政府デモは五万人を集めた。

こうした中、反政府勢力は大統領辞任に向けた組織の結束に乗り出す。〇二年三月、ベネズエラ労働者総連盟（ＣＴＶ）と経済団体が、野党、教会、アルフレド・ペニャ首都区長官らの参加の下、「民主主義合意」に署名、一〇項目の提案を行った。提案は、貧困の克服や制度に忠実な軍などを網羅した。ＣＴＶのオルテガ議長は、「チャベス大統領の全体主義的な政治を打破すべきだ」と訴えた。この中で、「制度に忠実な軍」とは、兵士は権力者ではなく、制度に服従することを求めたもので、これが同年四月のクーデター未遂事件を正当化する役割を担う。チャベスはこの合意について、「エリートによる合意は意味をなさない」と批判したが、反政府勢力の主張は、単なる政権批判から大統領辞任に大きく傾いていた。

側近の離反

チャベスを支えた側近の離反も目立ち始めた。

一九九二年の軍事クーデターの首謀者の一人で、チャベスと投獄生活をともにしたアリアス・カルデナス、政治警察長官だったウルダネタ・エルナンデス、与党「第五共和国運動（ＭＶＲ）」の全国調整官だったヨエル・アコスタ・シリノスの三人は、軍事反乱から八周年を迎えた二〇〇〇年二月の記念日に、チャベス政権高官を猛烈に批判する政治文書を作成した。その内容は、チャベス政治が当初の政治運動から逸脱し、一部の側近を重用する政治を行っているというものだった。批判の矛先は、チャベスの「政治の父」と呼ばれたホセ・ビセンテ・ランヘル、イグナシオ・アルカジャ、ルイス・ミキレナにも向けられた。

チャベスは以後、かつての同志との面会を拒否し、彼らの告発を「待ち伏せ攻撃だ」と非難したが、翌三月一〇日、三人は連名で、「マラカイ宣言」を発表した。人権・私有財産の保護、地方分権の推進、行政機関での縁故主義の追放、官僚主義への対抗、国家の近代化、権力集中の是正、全国選挙評議会（ＣＮＥ＝中央選挙管理委員会にあたる組織で、主要選挙の実施、監視を担う）の政権傾斜の是正、腐敗追放、対話による民主主義の推進を挙げている。チャベスの政策が急進的過ぎることに懸念を抱いたのだった。

そして、チャベスと決別し、スリア州知事に転じたアリアス・カルデナスはその場で、二〇〇〇年七月に予定された大統領選に出馬する考えも表明した。カルデナスは出馬表明の会見で、「大統領は我々の言うことを聞かない。大統領は権力に執着しており、我々はその姿勢を拒否する」と批判した。カルデナスは、チャベス政権の登場に危機感を抱く富裕層や、チャベス政権に幻滅している市民に支援を求めたが、結果はチャベスの大勝に終わる。カルデナスは翌〇一年、新党を結成、かつての同志はチャベス放逐に政治生命をかけることになる。

さらに、アルフレド・ペニャ・カラカス首都区長官も反旗を翻し、反政府勢力に転じた。〇二年一月に内務司法相を更迭されたミキレナも引退後は、政権と距離を置き、チャベスを支持する「ボリバル主義サークル（CB）」に対し、国民が抗議デモを行うよう呼び掛けた。チャベスが大統領選に出馬する際に支持した「皆のための祖国（PPT）」もすでに反政府勢力に転じていた。チャベスは後に、PPTが離脱した与党連合「愛国極」の分裂について、「第五共和国運動（MVR）の中に、仲間意識や派閥主義があったことは否定できない」と語っている。

「愛国極」の分裂傾向を前に、チャベスは政権維持のため、他党との協力を模索せざるを得なくなった。チャベスは、「皆のための祖国（PPT）」の中には、マリア・クリスティナ・イグレシアス、ウラジミル・ビジェガス、アリストブロ・イストゥリス、ホセ・アルボルノスら同志が約二〇人いると見ていた。チャベスにとって、イグレシアスやイストゥリスは、マネイロが創設した急進大義党の精神を体現した信頼に足る人材だったのだ。だから、イストゥリスやクリスティナらを一本釣りして要職に置いた。

チャベスは〇二年一月、九二年の軍事反乱を決行した際の部下、カベージョ大統領府相を副大統領に、ロドリゲス・チャシン退役海軍大佐を内務司法相にそれぞれ任命した。翌二月には、陸軍少将だったフランシスコ・ウソン財務省予算局長を財務相に任命し、側近で政権を固め、不測の事態に備える意図を明確に打ち出した。

二〇〇二年四月クーデター

二〇〇二年四月、クーデター未遂事件が起こる。

主役は、野党、労組、経済団体、メディアを主体とする反政府勢力だ。一九九九年の大統領就任以来、チャベスを襲った最大の政治危機は、国富・石油をめぐる綱引きが引き金となり、反チャベスの各勢力が政権打倒の歩調を合わせたものだった。

国営ベネズエラ石油（ＰＤＶＳＡ）では、ガストン・ルイス・パラ総裁が、ロイヤルティーを三〇パーセントに引き上げた改正炭化水素法を支持し、経営陣の刷新を図った。幹部人事で、常勤理事七人のうち五人が政府派と見られたため、反チャベスのＰＤＶＳＡ幹部は、五人が人事基準に適合しないと主張、同年三月四日、抗議デモを呼びかけた。

パラ総裁はデモを指揮した幹部二人に退職を勧告したが、四月に入り、ＰＤＶＳＡ幹部は、行政職のストを命じた。この動きに、ベネズエラ労働者総同盟（ＣＴＶ）と、日本の経団連にあたるベネズエラ商工会議所連盟（フェデカマラス）が合流し、ＰＤＶＳＡを支援するため、九日に二四時間ストを行うと発表した。緊迫が高まる中、双方の対立を決定的にしたのは、チャベスの発言だった。

チャベスは四月七日、国営放送で毎週日曜日恒例のテレビ番組「アロー・プレジデンテ（こんにちは、大統領）」に出演、テレビ画面を見据えながら猛然とまくし立てた。

オフサイドの笛を鳴らし、石油公社幹部解雇を告げるチャベス大統領（※）

「解任を発表する。以下の者が解雇される。パルマベン（PDVSAの系列会社で社会開発部門担当）総裁のエディー・ミラレス、解雇だ。（中略）それから、ファアン・フェルナンデス。彼は今日まで、財務の計画及び管理の責任者だった。彼が企業活動を妨害した。ファアン・フェルナンデス、ありがとう」

チャベスは激しい口調で七人の名前を次々に読み上げ、「解雇」と「ありがとう」の皮肉の言葉を使いながら、国営ベネズエラ石油（PDVSA）幹部七人の解雇と一二人の退職処分をテレビ画面で通告したのだ。いずれもストを扇動し、企業活動を妨害したことが理由だった。そして、最後に「もはや交渉の余地はない」と結んだ。この件で協議はしない。チャベスは番組の中で、労働者の最低賃金を二割引き上げることも表明したが、民放テレビは、激高したチャベスが解雇宣言するようすを繰り返し流した。

チャベスの〝高圧的〟な演説は、反政府勢力を一気に激高させた。九日、ベネズエラ労働者総同盟（ＣＴＶ）とベネズエラ商工会議所連盟は予定通り、国営ベネズエラ石油のストに合流。地下鉄など公共機関もこれに加わった。一方で、反政府勢力はカラカス東部を中心に大規模な抗議デモを展開した。ＣＴＶはスト参加が全国で八割に達したと言明、さらに二四時間のスト延長を発表した。

四月一〇日もストとデモは続いた。政府は軍に警戒を命じたが、次第に不協和音を露呈していく。国家警備軍のラファエル・ブスティージョ将軍は、軍がデモ隊に発砲しないよう指示し、大統領を非難。ゴンサレス陸軍少将も、コロンビア・ゲリラがベネズエラ国内に潜伏していることを理由に大統領を批判した。カラカス東部チュアオの国営ベネズエラ石油（ＰＤＶＳＡ）本部にはデモ隊が集結した。そして、同夜、オルテガ・ベネズエラ労働者総同盟書記長は、無数の記者団に囲まれながら、無期限ストに突入すると発表、反対派メディアは沸き立った。

チャベスはコスタリカで開催予定のリオ・グループ（注３）首脳会議への出席を取りやめ、大統領支持者も大統領官邸前に結集した。ランヘル国防相は、大統領は対話の用意があると表明し、緊張緩和を図ったが、反政府勢力はこれを無視した。

四月一一日朝、ゼネストは三日目に入った。五〇万人に膨れあがったデモ隊は午前九時、カラカス東部の東公園に集結した。デモ隊は当初、チュアオのＰＤＶＳＡ本社ビルを目指した。しかし、正午過ぎ、反政府勢力の幹部は、デモ隊に大統領官邸に向かうよう指示したのだ。チャベス支持者

２分割されたテレビ画面（※）

も、大統領官邸前に続々と集まっており、このままでは大規模衝突は必至だった。

ベネズエラのメディアはこの時、国営放送を除けば、反チャベス一色だった。民間放送「ベネビジョン」の社主で、中南米有数の資産家、グスタボ・シスネロス氏は反チャベス報道の先陣を切った。

一方、チャベスは、国営テレビ・ラジオ放送（カデナ）を通じ、大統領官邸の記者会見室「アヤクチョの間」から、国民に平静を呼び掛けた。ベネズエラでは大統領がカデナを行う場合、民放も通常の番組を中断し、これを放映する義務がある。しかし、反対派の民放テレビは、カデナの際に、テレビ画面を二分割し、右半分で大統領、左半分でデモのようすを伝えた。「カラカスは平静だ」と断言するチャベスの隣りで、路上を埋め尽くしたデモ隊の興奮したようすが映し出される。その対照的な光景は、大統領側に事態を収拾する能力がないことを印象づけた。

反対派デモが、バラルト通り、エルカルバリオ通りを通って大統領官邸に近づいた午後三時半過ぎ、ついに発砲が起こった。官

「ジャグノ橋から発砲するチャベス支持者」と報道されたニュース映像（※）

邸に近いジャグノ橋から発砲するチャベス支持者のようすがテレビ画面に映し出された。反対派テレビは、発砲の先に反政府デモ隊がいると説明し、チャベス派を「テロリストだ」と非難した。後の調査で、最初に発砲したのは、急進的な左翼主義者で、大統領支持者がこれに応戦したと言われているが、この時は、平和的なデモ隊に発砲する暴力的なチャベス親衛隊の存在が強烈に印象づけられた。

ちなみに、ジャグノ橋には今、小さな記念碑が建てられている。〇四年四月一一日、クーデターから二周年を記念し、「愛国の犠牲者に冥福を祈る」と刻まれた高さ五〇センチほどの石碑が橋の歩道部分に設置された。時折、市民は足を止めて、石碑の文字を読んでいる。当時、この橋で犠牲になったのは、チャベス支持者だった。石碑は、チャベス派こそが発砲の犠牲者と

ジャグノ橋に作られた記念碑

する主張の表れであろう。

カラカスは無秩序状態に陥った。チャベスは午後四時半ごろ、非常事態を宣言。カデナの報道規制を破った民間の六放送局の放映を停止した。一時間後、いよいよ軍が動く。国軍本部「フエルテ・ティウナ」から、戦車部隊が出動し、カラカス市街を包囲した。

軍の離反

こうした中、ベネズエラ労働者総同盟とベネズエラ商工会議所連盟は午後六時半、チャベス支持者が発砲する映像を根拠に、政府がデモ参加者を射殺したとの声明を発表。それを信じた国家警察のルイス・カマチョ・カイルス長官やフランシスコ・ウソン財務相らが、事件に抗議して辞任を表明、チャベス政権は内部からも崩壊が始まった。午後七時には、海軍のエクトル・ラミレス副提督らが不服従を宣言するビデオが流れた。

軍の離反には伏線がある。主な理由としては、①チャベスが地方の公共事業に兵士を派遣、軍人の不満が高まったこと、②チャベスがコロンビアの左翼ゲリラ組織と内通しているとの疑惑があり、一部軍人が国家の左傾化に危機感を抱いたこと、③チャベスが国軍の内部人事で、空挺部隊時代の側近を多数重職に登用したことなどが挙げられている。

実際、〇二年に入り、クーデターのうわさが流れており、チャベスは、有事に備え、対クーデター防衛計画となる「アビラ計画」の策定を指示したほどだ。チャベスは一一日夜、最後の手段としてこの計画を発動する。国軍本部「フエルテ・ティウナ」から戦車部隊の一隊が大統領官邸の防衛に出動した。しかし、戦車部隊の司令官が出動を拒否。午後九時半ごろ、陸軍トップのエフライン・バスケス司令官ら九人が、「チャベスが市民銃撃を指揮した」と非難。三〇分後、軍は国営放送を占拠した。

この時点でチャベスは完全に丸腰となった。妻マリサベル（一九九七年に再婚）は空路でカラカスを脱出し、西部バルキシメトに向かった。軍の離反に落胆したチャベスはその晩、マラカイに駐屯する第四二空挺部隊を率いていた盟友のラウル・バドゥエル陸軍少将に電話する。チャベスは、「我々はお互いを信頼している。大統領官邸を攻撃せず、威厳のある立場を貫いてくれたことに感謝する」と言い残し、電話を切ったという。

一二日未明、陸軍の特殊部隊が大統領官邸に突入した。

「今すぐ官邸を出てください」（陸軍幹部）
「もう少し時間がほしい」（チャベス）
交渉役の陸軍幹部三人が、チャベスに辞任を求めた。バスケス陸軍司令官は午前一時ごろ、テレビに出演し、チャベス支持者が市民に発砲した点を挙げ、大統領への不服従を表明、軍も同様の意向である点を強調した。チャベスは後に、チリの心理学者マルタ・アルネッカーにこの時のようすについて、「私が辞任の可能性について話し始めたのは、軍の大半を失ったと思った時だった」と振り返っている。そして、チャベスは「辞任」に至る経緯を明らかにしている。
チャベスはその後、官邸内にいたランヘル国防相とウィリアム・ララ国会議長らを呼び、「四つの条件がそろえば、私は辞任することができる」と告げている。その内容は、①政府要人と民衆の身体的な安全確保、②憲法を尊重するため、チャベスは国会に対して辞任を表明、その後、次の選挙まで副大統領が大統領職に昇格、③チャベスがテレビの生放送で国民向けに発言、④チャベス政権の官僚がチャベスに付き添い、今後数年にわたりチャベスを警護――だった。
ウルタド・スクレ・インフラ相らが、国軍本部「フエルテ・ティウナ」へ行き、チャベスが提示した条件に関する交渉に入った。チャベスは軍幹部が四条件を受け入れたとの報告を聞いた。その時、ルカス・リンコン国軍司令官がチャベスに電話し、「大統領、彼らはあなたの辞任を求めています。私に対しても、辞任を求めています。しかし、私はあなたの決定に従うと言いました」と告げた。チャベスはリンコンに、「いいか、ルカス。ここに、ウルタド（インフラ相）がいて、彼らが私が辞任するための条件を受け入れたと言っている。だから、私が辞めると彼らに言ってほしい」と返した。この時、チャベスの「辞任」は決まった。ただ、チャベスは後に、「私はこの条件が受け入れられないことを知っていた」と語り、急場をしのぐための条件提示だった点を示唆したが、この時点での真相は不明だ。

身柄拘束

四月一二日午前三時三五分、チャベスは大統領官邸を出て、「フエルテ・ティウナ」に連行された。チャベスの両親はこの時のようすを生々しく証言している。父親のウゴ・デロスレイエスは一一日、州知事の会合があり、たまたま大統領官邸に詰めていた。息子の身の危険を案じ、未明まで官邸を離れなかった。官邸の外からは、「チャベ、辞めるな」という民衆の声を聞き、「神様、何も起こりませんように」と何度も祈った。そして、「本当につらかった。あれほど困難な時はありませんでした」と息子が連行された時の思いを振り返った。

母親のエレナも夫とともに、チャベスの執務室の隣にある部屋で、聖母マリアに向かい、息子の安否を祈っていた。その時、チャベス側近の一人がケースに荷物をまとめていることに気づく。エレナはその側近に、「息子はどこに行くのか」と聞くが、返ってきた言葉は、「知りません。荷物をまとめるように言われただけです」だった。一二日午前三時ごろ、チャベスの執務室のドアが開き、

「エレナ夫人、今、大統領に会ってくださ い、ドアは閉まっていませんから」という声がした。エレナが執務室の中に入ると、複数の軍人がチャベスを取り囲んでいた。

チャベス「お母さん、もう休んでください」

エレナ「愛するわが子よ、私もパパも、お前のことを考えているから、休むことなどできるわけがないじゃないの」

そして、軍人がチャベスを連行しようとした時、親子は固く抱き合った。

エレナ「我が子よ、私たちはいつもお前と一緒だよ。これだけは忘れないで。お前の友人はお前を裏切ったかもしれない。でも、お前の両親、きょうだい、そして外にいる国民はみなお前の味方だ。お前が行く場所には私たちはついて行くから」

チャベス「お母さん、僕はあなたに苦しみを与えてしまった」

エレナ「そんなこと言わないで。私は苦しいけど、お前の母親であることを誇りに思っているから。私たちは本当に大丈夫だよ。神がお前に力を与えてくれるから」

チャベス「お母さん、あなたは私に大きな力を与えてくれた。そんなことを私に言ってくれるなんて、何とすばらしいことか」

そう言い残して、チャベスは執務室を後にした。エレナの目から涙は絶えず、その瞬間、「体中が凍りついた」という。しかし、チャベスの目には涙はなかった。エレナはその場に崩れ落ち、チャベスの側近がエレナに熱いお茶を運んだが、飲むことができず、ただ体を震わせ、涙を流すばかりだった。その時、エレナはスーツケースを持った男を見かけ、「ウゴはもう行ったの?」と尋ねた。その男が「もう行きました」と答えたので、エレナは「私たちもウゴの後についていく」と迫ると、男は「いいでしょう」と応じた。

エレナは官邸の外に走り、チャベスが乗り込む車を見つけ、まだ閉まっていない車のドアにしがみついた。周囲の軍人に「駄目です、ご夫人」と言われたが、エレナは「息子は私が一緒に行くと言っている」と納得しなかった。それでも、軍人から「駄目です、あなたは行けません」と言われ、その場に来た長男のアダンからも「お母さん、駄目だよ」と言われ、エレナはまた泣き出した。

エレナはその情景を思い出すと、今でも涙が止まらない。そして、「あの時は地獄のような経験でした。でも、ウゴはしっかりしていた。あの強さは、神が力を与えたと思う」と振り返っている。チャベスは後に、「アロー・プレジデンテ」で「私が連行される前に、母に言われたことが大きな励みになった」と語っている。しかし、実際には、チャベスは、マニュエル・アントニオ・ロセンドやイスマエル・ウルタド両将軍に連行される際、周辺に「彼らは私の言うことに何も答えない。私は死ぬと思う」と打ち明けていた。

チャベスが連行されたころ、リンコン国軍司令官は会見し、チャベス大統領の辞任を発表、全軍人が暫定政権の命令に従うよう指示した。この時、誰もがチャベス時代の終えんを確信していた。しかも、チャベスによると、リンコンがチャベス辞任を発表する数分前に、クーデター首謀者が条件を受け入れないと伝えてきた。そして、チャベスを投獄し、大統領官邸を攻撃するとも脅迫したという。

クーデター政権の崩壊

夜が明けた四月一二日、ベネズエラ商工会議所連盟（フェデカマラス）のカルモナ会長は会見し、軍の要請を受け入れ、自ら大統領に就任する意向を明らかにした。そして、早朝から、報復の嵐が始まった。バスケス陸軍司令官が、閣僚、チャベス派国会議員、ボリバル主義サークル（CB）幹部らの一斉摘発を命じたのだ。ラモン・ロドリゲス内務司法相は、自宅で逮捕され、群衆からリンチを受けそうな危険な状況だった。カベジョ副大統領が隠れていると見られたキューバ大使館は、反チャベス派市民による襲撃を受けた。

そして、大統領官邸には、チャベス打倒の運動を展開した野党勢力、ベネズエラ商工会議所連盟、軍の関係者が集まった。暫定政権を樹立するためだ。チャベス政権が四月一一日に民衆への攻撃を「指示」したことを批判、「暫定民主政権」の樹立を発表、カルモナ・ベネズエラ商工会議所連盟会長を政権移行評議会の総裁に選出し、暫定大統領への就任式が行われた。カルモナは、右手を上方に挙げ、左手に持った就任の宣言文を読み上げた。バスケス陸軍司令官らが臨席する中、「新政権」は発足したが、ベネズエラ労働者総同盟は排除されていた。チャベス政権打倒では、利害が一致したものの、その後の政権構想では、足並みがそろわなかった。

一二日夕に発表された「カルモナ政権」の基本方針は、クーデターの首謀者をも驚愕させる内容だった。国会の解散、最高裁判事の解任、憲法を停止してチャベス時代の法律を破棄、一年以内の大統領選実施、キューバへの原油輸出禁止、チャベス派の州知事や市長の解任などだった。ここに落とし穴があった。チャベスは後に、クーデター失敗について、カルモナが憲法を停止した点を挙げ、「憲法の権力を停止させたことが自殺行為だった。民衆の代表として、憲法の権力を生かさなければならないというのに。民衆の権力の源泉を取り上げるような過ちを犯してはならない」と分析している。

国際社会の反応はさまざまだった。米政府のフライシャー報道官は、「クーデター政権」への支持を表明し、スペインのアスナール政権やゴンサレス前首相もこれを承認する発言をした。しかし、これに反論したのが、中南米の主要国でつくる政策協議機関「リオ・グループ」（一六五ページ「注3」参照）の会合に出席していた首脳だった。一八カ国首脳は、非民主的な手法による「政権交代」を非難し、ブラジルのカルドゾ大統領やアルゼンチンのドゥアルデ大統領らは真っ向から新政権の正当性に異議を唱えた。また、米州機構（ＯＡＳ、注4）も、「カルモナ政権」の民主的な手続きが欠落している点を指摘した。

チャベス側近も、この政変が巧妙に仕組まれたクーデターであったと悟るようになっていた。チャベス側近のイサイアス・ロドリゲス検事総長はチャベスに面会に訪れ、大統領が辞任していないことを公言した。ランヘル国防相は、有力紙『エル・ナショナル』の電話インタビューに対し、「大統領は辞任していない。憲法上の解決が不可能となりました。私は国外には行かない。自分には外国に行く理由がありません」と大統領辞任説と自身の国外亡命説を否定した。また、カベジョ副大統領、マリア・クリスティナ労働相、アリスティブロ・イストリス教育相ら側近も大統領の辞任を真っ向から否定した。

痛烈だったのは、チャベスの娘のマリア・ガブリエラで、キューバのテレビに対し、「軍が父を捕らえている」と解放を呼びかけた。やはり、電話でチャベスと話した妻のマリサベルも、CNNテレビに対し、「夫は辞めていません。夫から『俺が辞めていないと言ってほしい』と言われました」と懇願するように話した。時間がたつにつれ、「クーデター政権」の正当性が揺らぎ始める。

一三日に入り、事態は急展開を見せた。国際社会の「新政権」非承認とチャベスの辞任否定報道が、チャベス派を勢いづけた。かつてチャベスが所属していた第四二空挺部隊（マラカイ）を率いるラウル・バドゥエル陸軍少将は一三日午前、国軍本部「フエルテ・ティウナ」に陣取っていたクーデター首謀者に「カルモナ政権」を認めないと伝えた。バドゥエルは後に、カルモナを認めない理由について、「第一に憲法の秩序を守るためだった」としながらも、「チャベスとの大きな友情関係があったのは事実だ」と語っている。戦闘機を有する「マラカイの不服従」は軍に衝撃を与えた。

バドゥエルによると、バスケス陸軍司令官はクーデター前の四月八日、バドゥエルを罷免しようと試みたという。事実なら、クーデターの決行を前に、軍内で親チャベス派を排除しようとした動きが垣間見える。バドゥエルはその後、クーデター計画を事前に知らされず、何度も殺害の脅迫を

2002年４月13日、チャベス復帰を訴えて、大統領官邸前でシュプレヒコールを繰り返す支持者たち

受けたことを明らかにしたが、結果的に、バドゥエルをクーデター前に放逐できなかったことが、反チャベス派軍人には痛手となった。

一三日午後になると、大統領支持者が、大統領官邸前に続々と集まり、一万人以上に膨れあがった。これを指揮したのは、ランヘル国防相とされる。ランヘルは、チャベスが拘束された後、カラカス西部のスラム街に潜伏し、チャベス派が蜂起する機会をうかがっていたという。ボリバル主義サークル（CB）メンバーと見られるチャベス派市民は、テレビ局「グロボビジョン」など反対派メディアの前に詰めかけ、窓ガラスを割るなどの反撃に出た。その動きはマラカイなど地方都市にも拡大する。反政府勢力のデモ隊はカラカスから消え失せた。

カラカスに滞在したまま、テレビで政局の行方を見守っていた母親のエレナも、チャベス派が息を吹き返したことを知り、「民衆がウゴを救出に行くと思ったけど、私はそれを信じられませんでした。私は平静になることに務めました」と振り返る。

こうした中、「クーデター政権」の足並みも乱れていく。ベネズエラ労働者総同盟（ＣＴＶ）は、カルモナによる議会解散などの強硬姿勢に抗議し、「新政権」への不支持を表明した。続いて、国内の安全保障を担当するフリオ・ガルシア少将ら、有力軍人も次々にカルモナを支持できないと公言した。

「新政権は正当だ」と豪語したカルモナの望みを粉砕したのが、バスケス陸軍司令官だった。一三日夕、バスケスはテレビ放送で声明を発表、カルモナ支持の条件として、国会の再開などを挙げた。チャベス派議員が過半数を占める国会が再開されれば、「新政権」への正当性が揺らぐのは必至で、カルモナが絶対に飲めないことは明らかだった。最大の後ろ盾になっていた軍の離反で、「カルモナ政権」の崩壊は決まった。午後五時過ぎ、カルモナは議会解散の撤回などを表明したうえで、権限を議会に移譲することを明らかにした。大統領官邸を警護する部隊もカルモナに反旗を翻した。

四月一三日夜、チャベスを支えるカベジョ副大統領とララ国会議長が大統領官邸に入った。チャベス派は国営放送も奪回し、テレビを通じて、チャベス復帰を呼び掛けた。午後一〇時過ぎ、大統領が一時的に欠員となる際の手続きを示した憲法二三四条の規定に基づき、カベジョ副大統領は、ララの前で大統領就任を宣誓した。もちろん、チャベスが復帰するまでの暫定大統領だった。カルモナは辞任を表明し、拘束された。

空挺部隊による救出

目まぐるしく変転した政変の過程で、チャベスの動静は一切伝えられなかった。五〇時間余の緊迫の時間をチャベスは後に以下のように証言している。

国軍本部「フエルテ・ティウナ」に連行されたチャベスは陸軍総司令官の建物に入った。チャベスは、四条件が「反古にされた」と知った時、殺害される危険を感じ取ったという。それは、「私の辞任を示す唯一の方法は死体しかない」からだった。

チャベスは将校に電話を借りて、妻のマリサベルと娘のマリア・ガブリエラに電話を入れた。妻には、「いいか、私は殺されるのだ」と語気を強め、途中から受話器を取ったマリア・ガブリエラには、「マリア、行動を起こしてくれ。私が殺されることを話してほしい」と告げた。

チャベスは後に、チリの心理学者マルタ・アルネッカーに「殺害命令は出ていたと思う」と振返っている。その根拠として、コーヒーの給仕をしていた男から、クーデター首謀者の一人、モリーナ海軍少将がカルモナにチャベスを殺害するよう迫ったところ、カルモナが「それはいい考えだ」と答えたという情報を聞いたからだった。

チャベスはその後、ヘリコプターで、カラカスの南方約一〇〇キロにあるトゥリアモ海軍基地に連行された。チャベスは基地内で、裸足のまま、小さいベッドとマットだけある部屋に収容された。

そして、十字架を握りしめ、目を閉じて祈り続けた。この時、チャベスの頭にあったのは、「いよいよこの時が来た。でも、民衆に忠実に死ぬことにしよう」だった。脳裏には、ボリビアでのゲリラ戦の過程で軍政に殺害されたエルネスト・チェ・ゲバラの顔が浮かんだという。

しかし、いつまでたっても、殺害の使者は来なかった。部屋を訪れたのは、二人の女性兵士だった。二人はチャベスが何を感じているかを尋ねた。チャベスは「私が辞めていないことを知ってほしい」と迫り、メディアを通じて、大統領を辞任していないことを公表することを求めたのだ。二人は、チャベス辞任を否定する文書を書き、署名を求めた。チャベスが署名すると、二人は「ありがとう」と言って、その場を立ち去ったという。文書は女性兵士から、ある大佐に届き、さらにファックスで検察庁へ転送された。それを見たイサイアス・ロドリゲス検事総長が、「大統領は辞任していないという情報が入った」と発表したのだった。

別の助け船もあった。チャベスによると、一二日、ある中尉がトゥリアモ海軍基地に来て、チャベスに「あなたは我々の大統領です。昨晩のことは心配しないでください。我々は上官を拘束します」と告げた。さらに、別の男も来て、チャベスが大統領を辞任していないことを記した紙をゴミ箱に隠しながら、チャベスの妻マリサベルの元へ届けたのだ。チャベスは後に、「これがすべて私を助けてくれた。私はこの日に起こったことをけっして忘れない」と感動気味に語っている。チャベスは結果的に暗殺されなかった理由を、「私を監視していた若い兵士が命令を聞かなかったためだ」と語っているが、現在も真相は不明だ。

チャベスは一二日夜、カリブ海のオルチラ島に連行された。チャベスがこの島に来ることに同意したのは、情報を得るためにできるだけ多くの時間を稼ぐという狙いがあったからだ。チャベスは自身に有利な動きが起こっているとの情報も耳にしたが、内心は「さらに孤独を感じていた」（チャベス）。

チャベスが、拘束されていた部屋で魚を食べていた時、ある提督がヘリでオルチラ島に到着し、「大統領、私は特別委員会と一緒に来ました」と告げた。特別委員会は、クーデター派の将軍や大佐、カトリックの大司教らで構成され、クーデター首謀者に派遣されたのだ。委員会はチャベスに辞任の文書に署名し、国外退去に応じることを迫った。署名後に備え、国外退去用の飛行機が用意されていると説明を受けた。チャベスは、「重大なことが起こっている」と悟り、委員会には「署名できない」と伝える一方で、改めて「条件を満たしたら辞任する」とも告げた。それは、チャベスが大統領官邸で提案した四条件だった。

チャベスによると、条件を提示したのは、委員会がそれを受け入れられないことを知っていたからだという。このため、チャベスは、第一の条件である政府関係者の身体安全の保証を挙げ、「君たちはこれを破っている。逮捕、拘束している」と迫った。さらに、「第二に、憲法を遵守するということ。もし私が辞任するなら、それは国民議会の前で行い、新しい選挙が行われるまで、副大統領が昇格しなければならない。君たちは憲法を無視し、国会と裁判所を解散したのだ」と怒りをぶちまけた。チャベスは、「フエルテ・ティウナ」で、ある将校からテレビを借りて午後六時まで見ていたため、チャベス派の州知事らが拘束され、カルモナが大統領就任を宣誓したことを知っていたのだ。チャベスはさらに続ける。第三の条件だった国民向けの演説も、「国民に何も言わずに私が退去すると思っているのか」と批判した。最後に、政府のすべての役人をチャベスに同行させるという条件についても、要求を満たしていないことを訴えた。しかし、大司教は、「分かった、チャベス、あなたは考えなければならない」と署名を迫るだけだったという。

チャベスは、「私は考えている」とだけ述べ、同時に時間を稼ぐことに全力を注いでいた。そして、提督が電話をかけたり、部屋を行ったり来たりして、対応に苦慮しているのを見ると、チャベスは「いいか、私は署名しない。君たちは全てを犯している。死が君たちの望むことなのか。辞任は私が決めることだ。死は君たちが決めることだ。私が精神的に無能力になったと医師団に言わせたいのか。その宣言を最高裁や国会で認めてもらうのか。しかし、今日、国会も裁判所もない。そういうことをする医師団がいるのかも知らない。だから、今考えられるのは、憲法という選択肢だ。職務の分離だ。それについて私は議論する必要がある」と一方的にまくし立てた。

チャベスは「私は憲法によって職務を放棄することができる」と巧みに妥協する姿勢もにじませている。しかし、その言葉は、職務放棄は国会で承認されなければならないとの憲法の規定を知ってのことだった。チャベスは、職務放棄するという文書には署名できるが、国会が存在しないために辞任できないという矛盾を逆手に取ったのだ。

チャベスによると、クーデター派はその後、チャベスの言葉を検討し始めたという。特別委員会の大佐は、「チャベス、問題は国会だ」とチャベスのシナリオがその時点で成立しない点を強調した。しかし、チャベスは「それは君たちの問題だ。しかし、それだけが私の署名を可能にする唯一の方法だ」と迫った。さらに、チャベスは「君たちは私に電話を使わせなければならない。もし、私がメキシコやキューバに行くなら、私はその国の大統領と話さなければならない。私は目的地もなく、飛行機に乗ることはできない。それから、妻や子どもたちと話すことも必要だ」と迫った。クーデター派の準備不足を見て取ったチャベスは、「私、ウゴ・チャベスは、事態を考慮し、職務の放棄を受諾する」と言い放った。すると、委員会メンバーが、チャベスが職務放棄を認める文書の作成に取りかかった。ところが、作成に手間取り、間違いもあったため、かなりの時間を浪費してしまう。

チャベスはその後、部屋に一人放り込まれた。すると、監視役の兵士がチャベスに近寄り、チャベスの耳元で「大統領、何にも署名しないでください」とささやいて立ち去った。その言葉を聞いたチャベスは再考したという。まさに署名を迫られようとした時、チャベスはトイレに行って時間を稼いだ。チャベスはトイレから出ると、提督に「いいか、提督、私は何も書かない」と断言した。さらに、大司教にも、「私は絶対に何も署名しない。あなたの訪問に感謝する。ここには私の家族、子ども、妻、支持者、民衆がいる。私は何が起こっているのか知らない。君たちは私が情報を取らせないようにしている。電話もない」と声を荒げた。そのようすを見た委員会メンバーは、何の反論もできなかったという。

やがて、提督は信じられないような言葉を発した。「分かりました、あなたは正しい。行きましょう」と言った。提督はチャベスに大統領救出の空挺部隊が来ていることを告げた。提督はチャベスの監視を命じられていたが、状況の変化で、第四二空挺部隊を率いるバドゥエル将軍の指揮下に入ったため、提督がチャベスを保護する役回りとなったのだ。提督は、チャベスに「大統領、国防相から電話が入っています」と伝えた。チャベスは「私はクーデター政権が任命した国防相とは話をしない」とはねつけたが、それはランヘル国防相からだった。チャベスは後に、「ホセ・ビセンテ・ランヘルの声を聞いた時、深い闇夜の中で太陽を見た思いだった」と語っている。

ランヘルは、自分が国防省から電話していること、大統領官邸を奪回したこと、カルモナが拘束されたこと、空挺部隊が救出に向かっていること、民衆が街に出て帰りを待っていることをチャベスに説明した。チャベスが「たくさん死者が出ているのか」と聞くと、ランヘルは「いいえ、大統領、心配しないでください。数人は死んでいますが、民衆は街に出て、我々は軍を抑えました」と説明した。チャベスはその後、マラカイの空挺部隊に電話した。クーデター派鎮圧のために蜂起したバドゥエルやガルシア・モントヤ（注5）にねぎらいの言葉をかけた。チャベスは一四日午前二時ごろ、ヘリに乗り、大統領官邸を目指した。

大統領復帰

ヘリで大統領官邸に降り立ったチャベスは、群衆にもみくちゃにされながら、手を振ってこたえた。四月一四日午前四時四〇分、復帰したチャベスはカベジョ副大統領から権力の移譲を受けた。大統領官邸の会見室「アヤクチョの間」は興奮の熱気にあふれていた。チャベスはこの部屋から、国営テレビ・ラジオ放送（カデナ）を行い、こう語り始めた。

「神には神の役割があり、シーザーにはシーザーの役割があり、民衆には民衆の役割がある」

チャベスは、この言葉で復帰後初めて国民に語りかけた。古代ローマの政治家であるシーザーを自身に見立て、民衆によって支持された政治家が、神の導きで職務に復帰したことを表現した。そして、国民に平静を呼び掛けた。一四日午後には、マラカイ基地を訪れ、「カルモナ政権」に対する反撃の口火を切った空挺部隊に謝意を表明した。

（上）暫定大統領就任の宣誓をする、ペドロ・カルモナ・ベネズエラ商工会議所連盟会長（※）／（下）2004年４月14日早朝、大統領官邸に戻ったチャベス（※）

母親のエレナがチャベスと再会したのは一六日だった。二人は抱き合い、エレナは再び涙を流した。チャベスはその際、静かに「お母さん、すべて終わったよ。すべてうまくいったよ」と語っている。それから、一緒に昼食を食べ、久しぶりに家族との静かなひとときを過ごしたようだ。チャベスの叔父にあたるヒルベルト・ロンバノも、復帰したチャベスと対面し、「マイサンタがあなたを守ったのだ」(二二ページ参照)と伝える。チャベスは、農民運動を率いた曽祖父のマイサンタの血を改めて感じたのか、かなり満足したようすだった。ちなみに、ロンバノは後に、〇四年八月の国民投票前日にも、チャベスに「マイサンタがあなたを守る」と告げた。この時、チャベスは、十字架を示して自信満々の表情を浮かべたという。

ところで、チャベスは、クーデター未遂事件をどう分析したのだろうか。チャベスはまず、「民衆と軍人との関係の変化」を挙げている。例えば、「カルモナ政権」が発足した四月一二日、無数の民衆が国軍本部「フエルテ・ティウナ」やマラカイ基地など各地で集会を開き、軍人に対し、「兵士よ、あなたの大統領を探しなさい」「兵士よ、友よ、民衆はあなたとともにある」などと呼び掛けた。

チャベスはこの点について、民衆が「ボリバル2000計画」を通じて、学校や病院を整備した軍人に親近感を覚えたためだと見る。一九八九年のカラカソ暴動後、民衆に銃口を向けた軍人への視線とは異なり、チャベス政権発足後は、軍人と民衆が深く接し、「毛沢東が指摘した水と魚の関係」(チャベス)になったというのだ。だからこそ、チャベスは、クーデターに参加した軍人が、「将軍クラスの二割を超えなかった」と断じる。チャベスは、「大部分の軍人が政権支持にとどまったが、『大統領が民衆を殺害する命令を下した』という『宣伝』に惑わされた軍人もいた」と語った。さらに、クーデター派の軍人は、これまでの特権を維持したい政治家や企業家らに影響され、うまく利用されただけで、軍人同士の意思統一が十分に行われていなかったため、結果的に結実しなかったという論拠だ。

公務に復帰したチャベスの当面の課題は、分裂した国家の修復だった。チャベスはそれを国民対話と呼び、クーデター未遂事件の真相を解明し、政府の諸問題について反政府勢力と協議していく意向を示した。まず、四月二三日、クーデターを引き起こす原因となった発砲事件の原因を追究するため、民間人九人と国会議員三人の計一二人からなる「真相究明委員会」の設置が決まった。四月三〇日には、「国民対話のための大統領委員会」が発足。また、チャベスは、政変のきっかけとなった国営ベネズエラ石油（ＰＤＶＳＡ）幹部の更迭を謝罪し、復職を認めた。チャベスは自身の復帰について、「憲法の権力がまだ生きていることの証明だった」と述べているが、換言すれば、クーデター派が憲法の効力を無視し、民主的な手続きを欠いた「自滅」の側面が強いだけに、反政府勢力に配慮せざるを得ない状況となる。

チャベスは、クーデターの再発防止に向けた布石も打つ。軍事反乱に加わったのはごく一部であると豪語するチャベスだが、チリの心理学者マルタ・アルネッカーとの会見では、「軍人が憲法、政府、司令官を尊重することについての認識が私は間違っていた。それは自己批判として受け入れなければならない」と述べている。チャベスは、軍人が政権に盲目的に忠誠を尽くすわけではなく、個々の軍人の評価、興味、思考を正確に把握する必要を痛感する。

以後、チャベスは新聞をくまなく読み、大統領官邸に詰める検査官（監査官）と呼ばれる軍人と民間人のチームに、政府や軍内部の動きを逐一報告させた。諜報機関のトップにも、同様の要求を与えた。

さらに、民間からの声にも注目し、大統領あてに郵送される重要な手紙に目を通し、通常の手紙も部下に読ませ、概略を報告させた。チャベスは後に、「問題の発見を可能とする経路を作る必要がある。これこそが、現実社会を知ることができる最善の方法なのだ」と語っている。

また、クーデターの際、側近との連絡が途絶えたことも大きな教訓となった。四月一一日夜、大統領官邸の通信網が切断され、チャベスは、ホルヘ・ガルシアカルネイロ（チャベスの信任が厚い国軍高官の一人。国防相などを歴任している）ら側近の将軍と連絡が取れず、逆にクーデター首謀者が部隊を指揮することになった。このため、チャベスは復帰後、軍の主要な司令官や将校クラスとの連絡網を維持するシステム構築に動き出す。

チャベスは五月、内閣改造に着手する。ランヘル国防相を副大統領、カベジョ副大統領を内務司法相、リンコン国軍司令官を国防相、トビアス・ノブレガ・ベネズエラ中央大教授を財務相に任命した。リンコン国防相は八日、新しい軍幹部を発表、ホルヘ・シエラルタ海軍中将を国軍司令官、ガルシア・モントヤ陸軍中将を陸軍司令官に据えた。

バスケス陸軍司令官らクーデター派を放逐し、モリーナ海軍少将はエルサルバドル、ソト空軍大佐やフローレス国家警備軍大尉は米国へそれぞれ亡命を申請した。ちなみに、カルモナは六月、コロンビアに亡命している。七月には、軍人約二〇〇人の昇進が行われ、チャベスに忠誠を貫いた軍人が昇進した。

明らかにクーデターを首謀した軍人は排除された。しかし、排除の度合いは予想を大幅に下回るというのが共通の見方だ。例えば、チャベスの大統領辞任を発表したリンコン国軍司令官。部下の暴走を許した責任を問われ、解任は必至と見られていたが、結果的には国防相に昇進したのだ。チャベスはこれについて、「現実を直視する必要がある。私は真実を知っている。おそらく、私だけが正確に知っている。彼に罪はなく、彼は状況の被害者だったのだ」と語っている。

チャベスによると、リンコンはチャベスから辞任の意向を直接聞いており、自分の命令に忠実に従っただけでなく、チャベスの家族を別の安全な場所に移動させた。また、リンコンが政権発足当初から、官房長官、陸軍司令官など重要ポストを歴任してきた実績を強調、軍内部の建て直しに必要な人材と評価した。民間出身のランヘルが国防相となり軍幹部の反発を受けたことも教訓になったようだ。〇二年七月、「一身上の都合」でリンコンは辞任し、後任国防相にホセ・プリエト陸軍退役少将が任命されたのも、軍人出身の国防相という伝統を尊重した結果と言える。

論功行賞の対応について、チャベスは、九二年のクーデターで自身を兵舎に投獄したペレス政権の「強権政治」が結果的に崩壊した点を分析した。そのうえで、チャベスは、「私は敵の心をつかもうとした。これは柔軟性に満ちた、知性の力なのだ」と語っている。

クーデター参加者については、首謀者と間接的な協力者に色分けし、首謀者は司法の前で徹底的に裁き、それ以外は、国軍の「調査理事会」が判断することとした。理事会は、陸軍、海軍、空軍、国家警備軍に所属する一五人の将軍で構成され、クーデターに協力したとされる軍人から弁明を聞いたうえで、処分を決定した。

チャベス自身も、協力者と見られた将官一人ひとりと直接話し合ったが、ある将軍は、大統領がデモ隊への発砲を指示したという報道を信じ、「新政権」を支持したと釈明したが、チャベスが「私は民衆を殺害したいとは思っていない。あの出来事は悲劇だった」と答えると、将軍は「私が馬鹿だった。だが、二度とこのようなことはしない」と忠誠を誓ったという。

また、別の将軍は、涙を流しながら、「ウゴ、私はだまされた」と泣きついてきた。チャベスが、「私の子どもたちは、あなたのことが好きだが、あなたがマスコミに出て私を批判したことで、とても苦しんだのだ」と話すと、将軍は「私はウゴが民衆を殺害したという話を信じた。それは間違いだった。私はそれを電話で聞いて、テレビで見ていたのだ」と弁明した。

さらに、別の将校は、チャベスが大統領職に復帰した日、チャベス側近と言われたモレノ大佐が赤色ではなく、緑色の帽子をかぶっている写真を見せた。チャベスは通常、赤色のベレー帽をかぶっており、緑色の帽子をかぶることは、チャベスへの不服従の証しだというのだ。しかし、チャベスは「そんなことは考えないでほしい。全ての人を疑ったら、我々はおかしくなってしまう。この大佐もこの時は生命の危険にさらされていたのだ」と大佐を許したという。厳罰を与えた首謀者とは異なり、クーデターに間接的に関与したとされる軍人について、チャベスは「彼らが刑務所に放り込まれるのは不正義だと思う。私は、彼らを信じている」と語っている。

チャベスは、チリの心理学者マルタ・アルネッカーのインタビューで、クーデター未遂事件の歴史的意義をこう説明している。

「我々に対する右派の反応は、長い間かかって作り出された利益が失われることへの反発なのだ。しかし、我々のプロセスは、さらに前進する力を持っており、それはある部分を壊し、ある部分を建設するものだ。指導者は、最初にこうした道を作り、その旗を（後世に）伝えることが大切だ。その力の実在が、四月一一日の事件に証明されたのだ」

クーデターは、自身の政治運動に対する当然の反発だが、その運動の方向は歴史的な宿命の中で逆行できないと見ているようだ。チャベスは、敬愛するシモン・ボリバルの幼少時代に、家庭教師を務めたシモン・ロドリゲスの言葉「物質的な力は民衆の中にあり、道徳的な力は運動の中にある」を引用しながら、「民衆の改革の力は、加速しつつ自覚している運動の中にある」とつけ加えている。結局、チャベスがクーデターで得た教訓とは、民衆の力に依拠し、抵抗を受けながらも、「革命」を進めていくことへの確信にほかならない。チャベスは、四月一一日以降について、「もちろん、闘いは厳しく、難しいものになるだろう」と予言していた。

息を吹き返した反政府勢力

「真相究明委員会」は、死者一九人を出した四月一一日の争乱の原因を突き止める組織だった。犠牲者の内訳は、チャベス支持者と反対派にほぼ二分された。チャベス側は、最初に発砲したのは、カラカス首都圏警察のメンバーだったと主張した。首都圏警察は、チャカオなど首都圏五市を管轄する警察機構で、反チャベス派が警察幹部のポストを独占していた。一部では、チャベス政権と一線を画す極左団体「バンデラ・ロハ（赤い旗）」との仕業との情報もあったが、反政府勢力はあくまでも、チャベスが創設した「ボリバル主義サークル（CB）」のメンバーが発砲したと反論し、真相は究明されなかった。

「国民対話のための大統領委員会」は、大統領派と反政府勢力が国家の懸案を議論することで、政情不安を解消する試みだった。大統領官邸で開かれた対話の席上、チャベスは一方的に「ボリバル革命」の持論を展開した。話し出すと止まらないチャベスに業を煮やし、反対派テレビ局幹部は途中で退席した。ベネズエラ労働者総同盟（CTV）のオルテガ書記長は最初から出席を拒み、ベネズエラ商工会議所連盟（フェデカマラス）のフェルナンデス新会長や、エルナショナル紙のオテロ社長は委員会から離脱した。

チャベスが反政府勢力との関係修復を念頭に立ち上げた構想は、いずれも短期間で頓挫しつつあった。チャベスは当初、反政府勢力との対話について、「ある程度の結果を出している」と述べていたが、その期待を打ち砕く現象が起こった。五月のメーデーに、CTVがカラカスでチャベス政権に対する抗議デモを呼びかけると、実に一五万人が首都の路上を埋め、改めて大統領辞任を求めたのだ。四月のクーデター未遂事件後、消沈していた反政府勢力には勢いが戻りつつあった。

野党九党は五月中旬、大統領辞任に向けた取り組みを盛り込んだ合意文書に署名。同月下旬には、カラカスで再びデモ行進が行われ、六月に入っても、退役軍人がデモの先頭に立ち、軍の中堅将校一〇人が政権批判を行い、四月の争乱を彷彿とさせるビデオも流れた。チャベスはテレビ局に対し、テロを扇動するビデオを放映した場合に放送権を剥奪すると威嚇、双方の対立は次第にクーデター以前の様相を呈していく。

クーデター未遂から一カ月もたたないうちに、反政府運動が再び息を吹き返した一因として、経済情勢の悪化が指摘される。四月のストにより、国営ベネズエラ石油（ＰＤＶＳＡ）の原油生産の低下が響き、国家経済への損失は一〇〇億ドルを上回った。通貨ボリバルの対ドルレートは下落し、輸入品の価格は上昇、海外からの直接投資も減少した。政府は五月三〇日、マクロ経済の安定を優先し、付加価値税の一パーセント引き上げ（一四・五パーセント→一五・五パーセント）を柱とする経済政策を発表、国民の負担が増えることになった。

世論調査の結果は、国民の不満を如実に物語った。世論調査機関「ダタナリシス」が〇二年六月、全国一〇〇〇人を対象に調査したところ、三年前と比べて状況が「非常に悪化」が二二パーセント、「悪化」が四〇パーセントで、双方で六割を超えた。大統領の仕事を評価するとしたのは、九九年二月の九二パーセントから、〇二年六月には三二パーセントまで下落した。

そして、大統領に期待するものとしては、「雇用」が二三パーセント、「経済再生・民間投資・公共工事」が一七パーセントあったが、「何も望まない」も一一パーセントに上った。そして、チャベスに与える時間としては、「時間を与えない」が四五パーセントでトップ。「反対派」の五三パーセントは、反政府デモに参加する意思を示した。

唯一、チャベスを満足させたのは、反政府勢力のリーダーの不在だ。「明日、大統領選があったら誰に投票するか」の問いで、チャベスがトップの二五パーセントで、反政府勢力の中では、ミランダ州知事のエンリケ・メンドサの一五パーセントが最多だった。

チャベスは六月上旬、調停役としてカーター元米大統領の招待を表明した。六月中旬には、憲法の規定により、国民投票で大統領職を罷免された場合は辞任すると表明、反政府運動の沈静を図った。カーター元大統領は七月、ベネズエラを訪れ、チャベス、ランヘル副大統領、ベネズエラ労働者総同盟幹部と会談、双方に対話を呼び掛けた。

八月に入り、バスケス元陸軍司令官やラミレス海軍中将ら四人に対する軍事反乱罪の予審が最高裁で却下された。クーデター未遂を引き起こした軍人が無罪放免される可能性が出たことに、チャベスはテレビ番組「アロー・プレジデンテ」で怒りを爆発させる。「クーデターが存在しなかったとは何たることか。それは真昼を真夜中と言っているようなものだ。最高裁判事は、富裕層に買収されている」。

チャベスは、「新しい憲法は、将軍や提督も例外なく断罪できると規定している。これを行わなければ、それは憲法違反だ」と強硬に主張していた。チャベスは、クーデターの十分な証拠がありながら、裁判官が反政府勢力を支持し、その勢力が最高裁を独占していると主張する。その解決策として、「政治的組織が危機に瀕した場合には常にそれを是正する手段がある。それは、民衆が署名を集めて、国民投票を実施し、改革、修正、再構築を行うということだ」と訴え、国民投票により最高裁判事に制約を加えるような憲法改正を行うことを提案した。

しかし、八月一四日、最高裁大法廷はバスケスら四人に対する軍事反乱罪を棄却した。有罪に賛成が九、反対が一一だった。クーデター首謀者への無罪評決に、最高裁近くに結集していたチャベス支持者は一斉に反発、首都圏警察や国家警備軍と衝突、数人が負傷した。

チャベスは同月一六日、「アロー・プレジデンテ」で再び、「裁判所はクーデターの存在を否定するのか。これは正常な審判がいない中で、野球の試合をするようなものだ。私は最高裁判事を調査するよう、国会に要請する」とまくし立てた。与党・第五共和国運動（ＭＶＲ）は抗議のデモ行進を行い、ウィリアム・ララ国会議長らは裁判所を批判する声明を発表した。ＭＶＲは最高裁調査特別委員会を設置し、判事罷免に向けた動きを強めることになる。

カーター・センター（注６）や米州機構（ＯＡＳ）の代表団が九月、カラカス入りし、双方の調停に乗り出した。チャベスは代表団と会談後、反政府勢力との対話に応じる条件として、「憲法を守り、暴力を否定する者だ」と述べたうえで、「憲法が、任期満了前に大統領の辞任を規定しているのは、罷免国民投票だけだ」と強調し、反政府勢力が政権転覆のために超法規的な手段に訴えることに警戒を示した。

一方、野党・勇敢な国民同盟党（ＡＢＰ）のレデスマ党首は代表団との会談後、大統領の罷免を問う国民投票の早期実施を主張、同様に代表団と会談したベネズエラ商工会議所連盟のフェルナンデス会長は、「対立の解消には大統領辞任しかない」とまで言い切った。オルテガ・ベネズエラ労働者総同盟書記長に至っては、「代表団の調停に期待していない」と一蹴した。実際、市民団体「連帯の力」のペニャ・エスクルサ代表は九月、国軍の政治的介入を呼び掛け、警察当局に拘束されており、再びクーデターのにおいが漂うことになる。

一〇月に入ると、米州機構（ＯＡＳ）のガビリア事務総長が、二度にわたり、ベネズエラを訪問し、与野党双方に対話促進を呼び掛けたが、効果はなかった。一〇月一〇日、反チャベス派は一〇〇万人と言われる大規模なデモを敢行。これに対し、政府側も一三日、四〇万人に上るデモを行った。その際、演説したチャベスは、「反政府勢力は私が辞めなければストを行うと言っているが、私は恐れていない」と強気だった。

しかし、一七日には、反政府勢力の一四政党と三〇団体が、大統領辞任を想定した国家再建の方針を盛り込んだ合意に署名。合意文は、貧困削減や国民和解、大統領の任期短縮を主眼としていた。さらに、二一日には、ベネズエラ労働者総同盟とベネズエラ商工会議所連盟が呼び掛けるゼネストが起こった。一日だけだったが、カラカス市内では会社や商店が営業を停止し、公共輸送も運行が激減、ベネズエラ商工会議所連盟のフェルナンデス会長は「ストへの参加は九割に上った」と強調し、クーデター未遂から半年でスト戦術が再び大統領を揺さぶった。

一〇月下旬には、メディナ・ゴメス陸軍中将ら現役軍人一四人が大統領への不服従を宣言し、大統領辞任までカラカス東部のアルタミラ広場に陣取ることを表明した。再び現役軍人が政治の表舞台に登場したのだ。ガビリア・米州機構事務総長は、軍が大統領に対する忠誠の義務を果たすべきだと主張、米政府も今回ばかりは、合法的に事態の解決を求める声明を発表した。

この時、政府はすでに、クーデターが再発した際に備え、民放テレビの放映停止やチャベス支持者の動員を柱とする計画をひそかにまとめていた。実際、チャベスは一〇月、クーデターを誘発する情報を事前に収録してテレビ放映することに警告を発した。

この混乱により、一〇月末に、ヌエバ・エスパルタ州のマルガリータ島で予定されていた発展途上国「一五カ国グループ」（G15、注７）首脳会議は中止された。

政府は一一月、不服従を宣言した軍人一四人のうち七人を退役処分とした。さらに、カベジョ内務司法相は、国家警備軍と陸軍に対し、反政府勢力派と呼ばれる首都圏警察本部の占拠を命じ、ヘンリ・ビバス長官を解任、後任にサンチェス・デルガド・リベルタドール市広報局長を任命した。これに対し、アルフレド・ペニャ・カラカス首都区長官は、政府によるクーデターと非難し、反政府勢力が対話を中止することを呼び掛けた。

反政府勢力は先のクーデターが国際社会の猛烈な批判を浴びたとの反省に立ち、合法的な手段により政権交代を目指すことになる。反政府勢力は一一月四日、チャベス大統領の辞任の是非を問う国民投票実施を求める約二〇〇万の署名を全国選挙評議会（ＣＮＥ）に提出した。同月二七日、ＣＮＥの委員五人のうち三人が署名の合法性を認め、〇三年二月二日に国民投票を実施すると決めたが、翌二八日、最高裁は、ＣＮＥの決定には、委員の三分の二、つまり委員四人の賛成が必要だとして、国民投票実施の判断を無効とした。署名運動が奏功しなかったため、反政府勢力は実力行使に出ることになる。

こうした争乱は、チャベスの結婚生活にも影響した。チャベスは九〇年代、北西部ララ州の州都バルキシメトのラジオ番組に招待された際、アナウンサーだったマリサベル・ロドリゲスと知り合い、九七年に再婚した。マリサベルは六四年一一月、バルキシメトで生まれ、チャベスと知り合った時、前夫との間に設けた男児ラウル・アルフォンソがいた。チャベスとの間には、娘のロシネスが誕生することになる。チャベスは五人の子どもの父親となった。マリサベルは九九年に国会議員にも選ばれている。

ところが、〇二年六月、スペインEFE通信は、三七歳のマリサベルが、チャベスとの離婚を表明したと伝えた。ロシネスはまだ四歳だった。マリサベルは、エルユニベルサル紙のインタビューに応じ、「大統領と大統領夫人との間に何の秘密もありません。今こそ国民に表明する時期なのです。誰でも別れがあると思います。だから、驚くことではありません。神が私を離婚に導いたのです」と語った。マリサベルはチャベスが大統領に就任した一年間は、外遊にも同行していたが、当時は別居生活が続いていた。

マリサベルは離婚の理由について、「私的な問題」と詳しく語らなかったが、「私は革命の殉教者にもなりたくないし、反政府勢力に敵対視されたくもありません。ウゴは婚約した時、普通の男性でした。でも、その後、私たちの生活環境が変わったのです」と心情を吐露した。確かに、夫人は国内の分断に憔悴し切っていたふしがある。彼女は〇二年二月、大統領公邸に押し寄せる反政府勢力のカセロラ（鍋たたき抗議）から逃げ出すため、子どもを連れて、故郷のバルキシメトに逃げたこともあった。

マリサベルはアルゼンチンのクラリン紙に対し、「夫は大統領に就任する前とは変わりました。私たちの環境が変わったのです。私たちの愛情も変わったのです。政治は私の人格に大きく影響しました。私はボリバル革命と結婚したのではなく、革命のリーダーと結婚したのです。離婚によって、私は彼の敵になるわけではありません」とも語っている。その発言からは、チャベスが大統領就任後の政治状況に忙殺され、人並みの夫婦生活も送れなかった寂しさが伝わってくる。

事実、マリサベルは常々、「噂されている家庭内暴力はなかった」とも断言し、側近のウィリアム・ララも、「大統領には家族との時間はあまりなく、私的なことも話さなかった。子どもたちは、近くで父親の姿を眺めているだけだった」と打ち明けている。

結局、マリサベルはバルキシメトに帰り、ラウルとロシネスを育てることになるが、九九年以降、自ら総裁を務める「児童基金」の仕事は継続する考えを示した。彼女はその後、折に触れ、政治的な発言をしている。〇二年一二月に反政府勢力のゼネストが始まったが、テレビ局「グロボビジョン」と会見し、「大統領も閣僚も民衆の声を聞いてほしい。反政府勢力は思慮が必要です。私たち国民に調和、許し、抱擁を与えなければならないのは、ほかでもなく大統領なのです」と語っていた。

2002年８月６日、ボリビア・ラパスで、著者のインタビューを受けるチャベス大統領。メモをとっているのが著者。

ところで、チャベスは〇二年八月六日、ボリビアの大統領就任式出席のため、同国の政庁所在地ラパス入りした際、筆者の取材に応じ、質問に答えている。場所は、高級ホテル「ラディソン・プラザ」最上階のスイートルームだった。この時期に関する質疑だったため、そのやり取りの一部を紹介する。

――〇二年四月のクーデター未遂事件で得た教訓は？

チャベス　否定的な教訓から始めたい。我々は長期間にわたり計画された謀議によって、防衛を余儀なくされた。そして、残念なことに、我々は四月一一日に起こった忌まわしい行動を避けることができなかった。我々は今や、ベネズエラを不安定にさせるあらゆる試みを防ぐ準備を十分に行っている。しかし、その日（四月一一日）、メディアの大半を利用した謀議と策略のキャンペーンが、中産、上流階級を取り込むという目的を達成したのだ。彼らは、ネオファシスタ（極右）や原理主義的なものを作ることができたのだ。それは、政治的かつ論理的なものに基づいていなかったが。これらは我々が得た否定的な教訓であった。

しかし、前向きな教訓もあった。それは、反革命的なものが生じたために、（教訓として）学ぶことができたもので、世界が目にした一般大衆の反応だった。非武装の人民が、勇敢にも民主主義を擁護する要求を行い、チャベス大統領の復帰という要求を四八時間以内に達成したのだ。この国で最高権力を持つグループが、企業セクターから財政的支援を受け、詳細に計画されたクーデターを打破したのだ。

ほかの教訓としては、国軍の精神が統一されていたことだ。軍は、独裁者の脅迫や国民の殺害を擁護した反体制政治集団の圧力に手を貸さなかったのだ。軍は、民衆が我々に与えてくれた偉大な教訓を残してくれた。これが、クーデターから得た悪い教訓と良い教訓だ。

そして、我々の結論は、四月下旬に『国民対話』を開催したことだ。しかし、私は一九九九年二月二日の大統領令によって、国民投票を呼び掛けた。私の考えでは、政府を設置するのに、開かれた民衆の討論ほど有効なものはない。それが、憲法議会を招集することになったのだ。その議会は、このマグナ・カルタ（イングランドで一二一五年に制定された国王の権利を制限する法。大憲章と訳される）をもたらした民衆の大多数の同意によって、壮大な討論と対話になったのだ。それは、我々の歴史の中で、最も正当性を持ち、最も進んだもので、世界的に見ても、最も現代的なものの一つとなったのだ。

――しかし、国民対話には進展が見られないが。

チャベス クーデターの後、対話を妨害し、民衆を混乱に陥れる勢力が存在するにもかかわらず、国民対話はかなり進展している。つまり、民衆は、全国レベル、地域レベル、国際レベルの対話の招集を前向きに支持しているのだ。

対話の相手には、市民、企業家、教会、政治家などいろいろある。対話は、多くの民衆が参加し、メディアも参加する。対話を通じて、大統領官邸では先週、産業を再活性化し、労働者に富をもたらし、国内開発を刺激する目的で、企業家、労組、政府が、薬学や化学分野を再活性化させる初めての協定を締結した。これはベネズエラで一度も起こったことはなかった。そして、その後で、対話は別の段階に入っていくのだ。

――クーデターのうわさは絶えないが、軍に信頼を持っているのか。

チャベス 今日、（信頼は）昨日以上だ。なぜなら、ベネズエラの国軍の状況は、急速にかつ前向きに前進しているためだ。私は、クーデターの後で新しく選ばれた軍高官に絶大な信任を置いている。新しい国防相やそのほかの高官にも信頼を置いている。軍内部でも対話が進んでいる。私は、軍をよく知っているから、軍の階級間で起こったことを知っている。結局、軍の指導力はより強くなり、軍の精神的団結も強くなった。だからこそ、私は以前にも増して自分の軍への信頼を強めている。

――それでも、クーデターのうわさが絶えないのはなぜか？

チャベス　これはメディアの影響だ。ベネズエラでは、国家を短期間で不安定にさせたいと考えるメディアが存在し、彼らがそのうわさを流すのだ。それは、新聞、ラジオ、テレビ、そのほかの媒体を使った陰謀だ。だが、幸いにも、ベネズエラでは、戦争も誘拐も爆撃もないが、それが真実だということを客観的に示そうとしている。狙いは民衆に警告を発することなのだ。

――アルゼンチンの経済危機はベネズエラも影響しているのか。

チャベス　その通りだ。いろいろな形で。特に、新興経済国の中では、カントリーリスク（注8）が上がっている。我が国のカントリーリスクを見て、投資家は神経質になっている。外国の資金も、投資となると注意深くなっている。ベネズエラは、（アルゼンチン経済危機に）それほど打撃を受けているわけでないが、それを避けるために、外国為替を管理し、金融・財政政策の手段を講じている。だから、ウルグアイほど影響を受けてはいない。危機はアルゼンチンだけのものではなく、新自由主義経済によって世界中に引き起こされているのだ。このモデルに対して、新しい選択肢を導入しなければならない。アルゼンチンの問題は、新自由主義の実例なのだ。

――対米関係は？

チャベス　私の政府が発足して以来、対米関係は難しい。二〇〇一年末からは、さらに関係は複雑となった。しかし、これは何度も言ってきたことだが、米政府がベネズエラでクーデターに参加したということを言う証拠はない。うわさの域を越えて、物理的な証拠はない。証拠があると言えば、それは無責任であろう。私は、米国が謀議を支援せず、ベネズエラと米大陸の民主主義を支えていると信じたい。米大使から、米国がベネズエラの民主主義を支援するとの宣言もあった。言い換えれば、私は米国がベネズエラのクーデターに参加したとは信じていない。

現実には、それらはすべてメディアの推察で、特に、それは、米国がベネズエラで(政権)移行の事務所を開設するだろうということと似ている。もちろん、我々はこれに警戒したが、数日後、米大使は、そうした事務所が開設されることはなく、ベネズエラの民主主義のプロセスを支援したいとの表明があった。

——対キューバ関係は?

チャベス 我々のキューバ関係は、カリブ海の戦略的視点に含まれる。この関係は、投資という点では非常に重要だ。これらの関係は良好で、医療や科学分野、砂糖や石油の点で、大規模な協力を内包している。結局、キューバ関係は素晴らしい。

(注1) アルゼンチンの経済危機=二〇〇一年末から金融危機が表面化し、政情不安に飛び火、デラルア大統領(当時)が辞任に追い込まれた。一九九〇年代、通貨ペソと米ドルを一対一に固定する為替制度が採用され、公的債務が拡大したため、資金が大量に流出したことが原因。ドゥアルデ大統領は、変動相場制に移行したが、輸入価格の上昇を招いた。

(注2)「為替バンド制」廃止、変動相場制への移行=為替バンドとは、為替レートを目標の変動幅内に維持する制度で、通貨当局が相場に介入して目標値に固定させる。これに対し、変動相場制

は、自由な為替市場が為替レートを決定、当局の介入をなくす制度。
（注3）リオグループ＝中南米諸国の政治問題解決のため、一九八六年に結成された組織。中米紛争解決のため、中米諸国が八三年に結成したグループが母体。加盟は中南米一八カ国で、毎年首脳会議を開催。市場改革や犯罪防止にも取り組み、中南米独自の紛争解決の機関となっている。
（注4）米州機構（OAS）＝南北米大陸の国々の安全保障と紛争解決を目的に一九五一年に発足。北米、中米、南米、カリブ海の全独立国が参加するが、キューバは参加資格が停止されている。本部は米ワシントン。ベネズエラの政治危機では、混乱解決の調停を続けた。
（注5）ガルシア・モントヤ＝チャベスに忠誠を尽くした将軍の一人。二〇〇二年四月のクーデター未遂事件では、「カルモナ暫定政権」に反旗を翻して反乱を宣言、チャベスが大統領復帰を果たすきっかけともなった。
（注6）カーター・センター＝世界の人権状況の改善を目的に、ジミー・カーター元米大統領が一九八二年に設立した組織。本部は米ジョージア州アトランタ。地域紛争の解決など世界六〇カ国以上で活動。カーター氏は二〇〇二年にノーベル平和賞を受賞。
（注7）発展途上国「一五カ国グループ」（G15）＝主要先進国（G8）に対抗する形で、主要途上国が連携した組織。一九九〇年にマレーシアのマハティール首相が提唱した。参加国は、ブラジル、ベネズエラ、アルジェリア、エジプト、インドネシア、メキシコ、ケニア、イランなど一五カ国。
（注8）カントリーリスク＝経済情勢、政情不安、自然災害など複数の指標を元に判断する国家の信用度。民間の格付け機関が具体的な数字を公表している。リスクが高い国は投資には向かず、逆に低い場合は投資が薦められる。

第4章　赤色と青色に分断されたベネズエラ

反政府勢力のゼネスト

二〇〇二年一一月二一日、ベネズエラ労働者総同盟（ＣＴＶ）のオルテガ議長は、一二月二日午前六時から全国でストを実施すると発表した。その目的は、政府による首都圏警察への介入に反発し、大統領罷免を問う国民投票の早期実施を実現することだった。日本の経団連にあたるベネズエラ商工会議所連盟（フェデカマラス）の一角を担う全国商業連盟やベネズエラ工業連盟も参加を表明した。

ゼネストは、ＣＴＶとフェデカマラスを主体に、予定通り一二月二日に始まった。ストの波及効果について、反政府勢力は八〇パーセント、政府は一五パーセントと発表している。これはカラカスの状況がよく表れている。中産階級以上が多い東部では、ショッピングセンターや商店は軒並み閉店、銀行は時間を短縮して営業したが、逆に、下層階級が目立つ西部では商店は普段と変わらず営業した。

反政府勢力は連日、抗議デモを展開したが、その中で最も緊迫したのは、一二月六日の銃乱射事件だった。カラカス・アルタミラ地区のフランス広場に集まった反チャベス派の市民に何者かが発砲、市民三人が死亡、約三〇人が負傷したのだ。反対派市民が死傷したことで、四月のクーデター未遂事件の再現かとの緊張が走った。パウエル米国務長官はこの暴力行為を激しく批判している。反政府勢力は八日、ついに無期限ストを宣言する。政府は九日、選挙日程に関する協議を呼びかけ、譲歩の姿勢を示したが、勢いに乗る反政府勢力はこの提案を最終的に聞き入れなかった。

スト決行で、最も深刻な影響が表れたのは石油産業だった。四月のクーデター未遂事件直後、シルバ・エネルギー鉱山相は、石油輸出国機構（ＯＰＥＣ）事務局長だったアリ・ロドリゲスを国営ベネズエラ石油（ＰＤＶＳＡ）総裁に任命し、穏健派の新総裁の下、社内融和を掲げ、解雇された職員の復職と天然ガス開発のプロジェクトを進めていた。ところが、ＰＤＶＳＡ本体のほか、「ＰＤＶマリナ」などＰＤＶＳＡの子会社も、ストへの参加を表明。「ＰＤＶマリナ」は石油タンカーを所有しているため、原油の搬出が麻痺することとなった。

チャベスは軍に対し、ＰＤＶＳＡの資産を監視するよう命じたが、輸送船「ピリン・レオン」は二八万バレルのガソリンを積んだまま、沖合での停泊を余儀なくされる事態となった。石油業界関係者は、日量二五〇万バレルの生産量が一九〇万バレルまで落ち込んだことを明らかにした。政府はこれを否定したが、全国のガソリンスタンドでは、長蛇の列ができ始めていた。

チャベスは、生産の回復を図るため、ストに参加したＰＤＶＳＡ職員を次々に解雇した。チャベスはスト期間中、「ＰＤＶＳＡのたたかいは、腐敗した非効率な石油産業を本当に国有化するかどうかにかかっている」と述べ、今回ばかりは譲歩しない意思を明確にしていた。

結局、解雇された職員に復職の道は閉ざされていく。その一人、ＰＤＶＳＡの系列会社「ペキベン」のエドガル・パレデス元総裁は、筆者にこう不満をぶちまけた。「解雇は完全に違法だ。我々は、裁判所に掛け合っているが、この国には民主主義がない。裁判所も独立を保っていないのだ」。パレデスは結局、農場と乗用車を売り、生活費にあてるようになる。

石油生産の落ち込みは、世界の原油市場に影響しかねない。国際社会も調停に向けて動き出す。米州機構（ＯＡＳ）のガビリア事務総長は一二月七日以降、政府と反政府勢力の双方との断続的な対話を仲介した。米ホワイトハウスも、ガビリアの調停を支持するとともに、紛争解決の手段として、大統領選の早期実施も要求した。ＯＡＳは一二日、理事会を開き、決議八三三を採択。その中身は、現在の憲法を支持し、クーデターなど暴力的な解決法を拒否、さらに政府と反政府勢力の双方に平和的な解決を目指した対話促進を求めるものだった。ロシアまでも関心を寄せ、プーチン大統領は、チャベス大統領との電話会談で、憲法の枠内での解決とクーデターの批判を表明した。

反政府勢力の当初の要求は、大統領選の前倒し実施だった。しかし、連日のデモと、石油生産の落ち込みにより、政権打倒の確かな手応えを感じ始める。このため、デモ隊は、いつからか大統領辞任を要求するまでになった。ウルティマス・ノフィシアス紙のルス・メリー・レイエス編集長は、「反政府勢力にすれば、この機会を逃せば、再び敗北を味わうことになるからだ」と反政府勢力の思惑を解説した。

反対派テレビは二四時間体制で、カラカスの街角を埋め尽くした反政府デモのようすや、原油の搬出が麻痺し、ガソリンの供給もままならない状況を映し出した。確かに高速道路は、国旗を印刷したＴシャツを着て、国旗を振る反対派市民でびっしり埋められていた。すべてチャベス政権の失政が混乱の根源で、現状の打開にはチャベスの辞任しかあり得ないとの印象を際立たせた。

しかし、デモから何日たっても、政権崩壊への道筋は見えなかった。その最大の原因は、四月の政変ではチャベス打倒に動いた国軍の一部が、今度は完全に中立を保ったためだ。チャベスが四月以降に進めた軍におけるクーデター分子の排除、大統領派の軍人の抜擢、軍内部への監視活動が功を奏したとも言える。ゼネスト突入前からも、軍の介入を叫ぶ反政府勢力の幹部もいたが、今回はまったく動かなかった。

しかも、今回は「有事」に備え、チャベス支持者が連日、大統領官邸を取り囲み、巻き返しのデモを主催した。赤い帽子やベレー帽をかぶり、国旗を振りながら、「チャベ、チャベ」と繰り返す熱狂的な支持者の姿をよく見かけた。多くは、肌の色が浅黒い先住民や黒人の血が混じっている貧困層だった。

チャベスは、反政府勢力には強硬な姿勢で臨んだ。一二月、「アロー・プレジデンテ」でチャベスは猛烈な口調で、「ストを宣言した幹部は私の辞任と選挙の前倒しを訴えているが、彼らは愛国の裏切り者で、私が屈服すると思っているが、彼らは神、人民、軍と話をしていないため、間違いを犯している」と言い放った。この発言には、軍が反政府勢力に加担しないという絶対的な自信がうかがえる。その余裕の証なのか、チャベスはこの時期、側近を誘って野球をプレーして楽しんでいる。もっとも、側近のシリア・フロレス国会議員は筆者に、「嫌なことから離れるため、大統領は野球をすることが多い」と語っていた。

二〇〇三年一月に入った。チャベスは七日に閣僚人事を発表し、軍に対する重しとして、退役軍人のリンコン前国防相を内務司法相に抜擢した。一四日には、反政府勢力の牙城の一つ、首都圏警察に立ち入り、散弾銃二六〇〇丁や機関銃一七〇〇丁などの武器を没収した。この頃になると、反政府勢力のストとデモ戦略は新鮮味を欠き、政権を打倒する決定的な打撃にはならないことが明らかになっていた。

敵の足元を知ったチャベスは攻勢に出る。一七日の大統領教書演説では、「革命は進んでいる。四月のクーデターを境に我々の組織は強化された」と言明。さらに、PDVSAに対しては、「大幅なリストラを行って、これからは国営化を進めていく」と明言した。実際、ストに加わり、PDVSAを解雇された職員数は一月末までに一万三〇〇〇人を上回った。グロボビジョンなど民放テレビ局に対し、偏向報道が通信法違反の疑いがあるとして行政監査を行った。そして、一九五八年のペレス・ヒメネス独裁政権の崩壊日にあたる一月二三日、三〇万人を超える大統領支持のデモを動員してみせた。その一方で、チャベスは、選挙による解決に含みを残す発言を繰り返し、ゼネストの急進化を和らげ、反政府勢力の強硬派と穏健派を分断させる策も取った。

国際社会の動きもチャベスに有利に働くことになった。ブラジルのルラ・ダシルバ大統領は一月一五日、エクアドルの首都キトで、チリ、コロンビア、ボリビア、ペルーの各大統領、ガビリア・米州機構事務総長と会談し、ベネズエラ危機の解決にあたる「友好国グループ」の結成を決めた。後に、グループの構成国は、ブラジル、メキシコ、チリ、米国、スペイン、ポルトガルの六カ国となった。チャベスは構成国に関し、訪問先のブラジルで、六カ国のほかに、チャベスに好意的なロシア、中国、フランスを含めることを提案したが、これについては認められなかった。チャベスは米国について、「私は米国がベネズエラの友人であると思っている」と発言し、〝北の大国〟がチャベス打倒で暗躍しないよう配慮も見せた。

チャベスは、国内外の情勢が好転していることを実感していたようだ。母親のエレナはこの時期、大統領官邸でチャベスと昼食を取ったが、チャベスは自信にあふれたようすで、「すべてうまく行くから、心配しないで、お母さん」と繰り返した。エレナは、「ウゴはスト期間中も、いつもと同じように強かった。そうやって、ウゴは家族を安心させるのです。神様が彼に強さを与えていると思います」と語っている。

やがて、事態は解決の兆しを見せ始める。カーター・元米大統領は一月下旬、チャベス大統領と会談後、〇三年八月一九日に大統領の罷免をめぐる国民投票実施などを柱とする提案を行った。友好国グループは、米ワシントンで会合を開催。原油輸入の一五パーセント前後をベネズエラに依存する米国も調停にかかわり、出席したパウエル米国務長官は、カーターの提案を支持するとともに、「選挙を通じたプロセスが問題の解決につながる」と言明した。

頼みにしていた米政府が、カーター提案を支持したことは、あくまでもストとデモの継続を予定していた反政府勢力に戦略の変更を迫った。反政府勢力は、政府と米州機構（ＯＡＳ）に対し、危機打開のための憲法改正の提案を行った。それは、大統領任期の六年から四年への短縮、国民投票で憲法改正が承認されれば選挙を行うという内容だったが、政府側が受け入れられるものではなかった。反政府勢力の内部からも、事態の収拾に向け、カーター側と歩み寄るべきだとの意見が出始めた。二月一日、反政府勢力はストに参加している業界に対し、時間を短縮して営業を行うよう指示した。これは友好国グループの提案を受け入れた形となり、事実上はスト戦術の敗北を意味した。商店、銀行、交通が相次いで正常営業に戻り、反政府勢力は今回もチャベスを倒すことができなかった。

石油資源の国有化と富の公平な分配

ゼネストを収拾したチャベスは、クーデター未遂事件を乗り切った後のチャベスとは別人だった。反政府勢力と対話を目指すという柔軟な姿勢はなく、逆に、強硬で敵対的な姿勢を示した。スト終結後、まず、ベネズエラ労働者総同盟（CTV）のオルテガ書記長と、ベネズエラ商工会議所連盟（フェデカマラス）のフェルナンデス会長に対する身柄拘束が命じられた。検察当局は、民衆煽動や祖国に対する裏切りの容疑で、フェルナンデスを逮捕、その後、自宅軟禁を命じた。オルテガは拘束を逃れ、三月にコスタリカに亡命した。国営ベネズエラ石油（PDVSA）でストを主導した幹部七人にも逮捕命令が出された。

最終的に、自宅軟禁命令も拘束命令も、司法当局から無効の決定が下され、米政府のバウチャー報道官も、チャベスの〝魔女狩り〟に異議を唱えたが、チャベスは「アロー・プレジデンテ」の中で、フェルナンデスの逮捕について、「国内問題であり、（異議は）内政干渉だ」と反論し、厳正な姿勢を崩さなかった。

チャベスの最大の課題は経済再建だった。ベネズエラ中央銀行によると、二カ月間に及んだストで、〇三年第一―四半期の国内総生産（GDP）成長率は前年比三割減となり、このうち、石油部門だけを見ると五割近く下落した。政府発表でさえ、石油生産は一月末時点で通常の半分にも満たない日量一三〇万バレルまで落ち込んだ。〇二年一一月に一五パーセントだった失業率は、〇三年二月には二〇パーセントに跳ね上がった。フェデカマラスによると、〇三年第一―四半期には、企業・商店の一五パーセントが倒産した。

〇二年一二月上旬から〇三年一月下旬にかけて、通貨ボリバルの対ドルレートは四〇パーセントも下落。インフレにより、〇三年二月の消費者物価上昇率は五・五パーセントとなり、過去七年間で最大となったため、政府は食料品など一六九品目について最高小売り価格を設定する事態に追い込まれた。資本逃避（注1）などによりドル需要が増加し、外貨準備は一〇億ドル以上も激減した。政府は一月下旬、為替取引を停止し、外国への資産移転を一時的に制限することを発表、二月五日には管理為替制度を導入した。公定レートを一ドル＝一六〇〇ボリバル前後としたが、実際には一ドル＝二五〇〇ボリバル前後で取引されていた。政府は地方交付税の支出が不可能となり、二月に入ると、〇三年予算額四一兆六〇〇〇億ボリバル（約二六〇億ドル）のうち七パーセント近い削減を余儀なくされた。国会の調査では、ストによる国家経済への損失はGDP比七パーセントに達した。

原油生産の「正常化」を宣言するラミレス・エネルギー鉱山相（左から２人目）

国家統計院によると、〇二年末段階で貧困層は国民の四八パーセントに上り、九九年の大統領就任時の四二パーセントを上回っている。世論調査機関「ダタナリシス」がカラカスなど主要都市で二〇〇三年四月二六日～五月三日に行った調査では、半年前に比べ経済状況が悪化したと見る国民は七八パーセントに達し、その責任が政府にあるとするものは四四パーセントに達した。ストは間違いなく、チャベス政権のマイナス評価を確実にした。

経済再建の柱は、もちろん石油産業だ。国営ベネズエラ石油（ＰＤＶＳＡ）はこれまで「政府内政府」とも呼ばれる権限を享受してきたが、チャベス政権はゼネスト後、解雇した職員約一万人以上の復職を認めず、政府支持の人材を雇用した。三月に入ると、続投するアリ・ロドリゲス総裁の下、アイレス・バラート副総裁ら社内理事三人、社外理事三人の新しい幹部が就任したが、いずれも政府寄りと見られた人材だった。

チャベスは「一部の経営陣によって支配された体制を

終わらせ、国家の利益のために活動する必要がある」と述べ、ＰＤＶＳＡ掌握に意欲を示した。生産も次第に復調し、ラミレス・エネルギー鉱山相は三月下旬、原油生産量は日量三〇〇万バレルを超えたと発表し、「正常化」を宣言した。

原油生産が回復すると、外貨収入も増加し、四月の外貨準備は一五六億ドルに達した。ロドリゲス総裁は五月、四〇〇〇万ドル以上を投資し、〇八年までに生産量を日量五〇〇万バレルに引き上げる意向を表明した。ＰＤＶＳＡに側近を送り込んだチャベスはいよいよ、石油産業を自身の「革命」の中に組み入れていく。九〇年代の新自由主義経済は、民営化を基本政策に掲げ、政府は石油産業の運営にほとんど関与しなかったが、その結果として、貧困層が減らない一方で、法外な年収を受け取る石油公社幹部が現れた。チャベスはこれを国富の私物化として介入に乗り出し、事実上の〝資源国有化〟によって、果実の公平な分配を目指したのだ。

チャベスは三月、テレビ番組「アロー・プレジデンテ」の中で、「革命では、貧困層に対する食糧の提供や都市近郊農業、無料診療計画がこれから計画される」と語った。五月の「アロー・プレジデンテ」では、六月以降に識字率を向上させる運動を実施することを表明、目標として非識字率の一〇パーセント以上削減を掲げた。その原資はいずれも、ＰＤＶＳＡの稼ぎ出す石油収入なのだ。

ＰＤＶＳＡが直接・間接に参加する社会事業として、以下の一〇計画が定められていく。

①　バリオ・アデントロ計画――貧困地区での医療機関、診療所、病院の開設。全国で五〇〇〇カ所以上。

②ホセ・フェリックス・リバス計画――中等教育を修了していない人への教育。学生数は六〇万人以上。学科は地理、歴史、数学、外国語など。

③ロビンソン計画――成人に文字を教える。全国のボリバル学校で生徒は一〇〇万人。対象は一七〇万人。

④ボリバル学校計画――二二五〇の学校（主に小学校）に四八万五〇〇〇人が修学。

⑤ブエルバン・カラス計画――州や市町村を通じた開発プログラム。観光振興もある。一〇〇万人を雇用。

⑥メルカル計画――食糧など一次産品の商品化。経済的に苦しい家庭の救済目的。対象は八〇〇万人。

⑦ピアル計画――鉱業分野での持続的な開発と生活環境の改善。

⑧グアイカイプロ計画――先住民に対する持続的な発展のメカニズム構築。二〇〇三年一〇月からスタート。

⑨スクレ計画――高等教育を継続して受けるための代替的な教育。ボリバリアン大学の開設。対象は一〇万人。

⑩ミランダ計画――地域統合のための国軍の能力訓練。

チャベスは〇三年五月以降、カラカス首都圏のリベルタドール市とスクレ市で、「バリオ・アデントロ計画」をスタートさせる。八〇〇人もの医師がこの計画に参加し、六〇万人を超える市民がそ

ロビンソン計画で開設された国立ベネズエラ・ボリバル大学。ＰＤＶＳＡ本部ビルの一部を校舎にしている。

の恩恵を受けることになった。翌六月には、「ロビンソン計画」を進める大統領官邸直轄の識字率向上委員会の宣誓式が行われた。七月から五〇〇億ボリバルの投入が決まり、教員やボランティアら約五万人が教育現場に派遣されることになった。七月五日、チャベスは、「ボリバル革命の種はまかれたばかりだ。二〇一一年までにそのプロセスは進むだろう」と述べた。

〇三年一〇月に、約六〇万人を想定したロビンソン計画の第二段が始まる。カラカスで国立ベネズエラ・ボリバル大学が開校したのは七月だった。この大学の校舎はもともと、ＰＤＶＳＡ本部ビルの一部だった。開校式で、チャベスに同行したランヘル副大統領は、「ベネズエラ政府は、すべてのベネズエラ人に対して教育の機会を与えている。（中略）石油産業は、よりコストを抑えて機能することが可能だ」と語り、

ＰＤＶＳＡ資産の有効活用を強調した。〇四年一月には、政治学部、経済学部などの主要学部の授業が始まった。

反政府勢力の方針転換

一方、反政府勢力の落胆は大きかった。政権打倒の試みが相次いで失敗し、組織は求心力を失っていた。プロジェクト・ベネズエラ党のサラス・ロメール党首は、「反政府勢力の中には古い政治体質が存在する」と批判、反対派と一線を画す考えを示した。カラカス・アルタミラ広場に陣取っていた将校たちは、チャベス退陣まで広場を〝占拠〟すると宣言、同僚の現役軍人に合流を呼びかけ、チャベスが権力基盤とする軍の離反を招こうとした。しかし、このうち六人は六月、ドミニカ共和国やペルーに向けて亡命した。

こうした中、反政府勢力が次に目標としたのは、大統領任期が半ばを迎える二〇〇四年八月一九日以降に予定される大統領罷免国民投票だった。ベネズエラ憲法七二条は、大統領、州知事、国会議員らに対する罷免国民投票を認め、二三三条は、大統領が任期四年以内に罷免された場合、新たに大統領選が行われると規定している。反政府勢力は二月二日、チャベス罷免を問う国民投票実施や二〇〇一年の授権法に基づく四九政令の廃止など一〇項目を求める署名活動を開始。このうち、大統領罷免を問う国民投票には三二三万の署名が集まった。世論調査機関「ダタナリシス」が六〜

七月に実施した調査では、大統領の罷免国民投票を行ったとして、「罷免賛成」は六八パーセントに上り、「罷免反対」の三二パーセントを大きく上回った。

政府と反政府勢力は五月、政治危機の解決を目指した合意文書に署名した。選挙を通じた問題の解決を訴える友好国グループの提案を受け入れたもので、その内容は、罷免国民投票の民意を尊重するというものだった。以後、反政府勢力は、国民投票の早期実施を求め、カラカスなど主要都市で大規模デモを行い、反政府の主要テレビは、高速道路や目抜き通りを埋め尽くした反チャベス派の市民の抗議行動を映し出した。反政府勢力は八月、二月に集めた三二三万の署名を全国選挙評議会（ＣＮＥ）に提出した。これに合わせ、民主行動党やキリスト教社会党を主体とするデモが、カラカスで行われ、三〇万人が国民投票実施を求め、ＣＮＥに圧力をかけた。

一方のチャベスも、与党主催の集会で演説し、「反政府勢力が選挙を通じた解決を望むことは歓迎したい。しかし、我々は国民投票に勝つだろう」と自信を示している。以後、政権側も、頻繁にチャベス支持のデモを企画し、巻き返しを図る。

ただ、国民投票実施のプロセスは紛糾した。最高裁は八月、選挙日程などを決定する全国選挙評議会（ＣＮＥ）の暫定委員長にフランシスコ・カラスケロ元スリア大法学部長を起用するなど委員五人を選出した。カラスケロ委員長は九月、反政府勢力が八月に提出した大統領罷免国民投票を求める署名を無効とする判断を発表した。その理由は、①署名を実施した市民団体「スマテ」は中立性に疑問、②署名の形式と内容が憲法の規定する要件を満たさない――ためで、ＣＮＥは罷免国民投票を実施する手続きを改めて発表した。カラスケロ委員長は、チャベスに近いとされる学者だったため、反政府勢力は一時、決定に異議を申し立てたが、結局、これを受諾した。米国や欧州連合も、CNEの決定を基本的に支持した。

罷免国民投票を求める署名集めは、州知事、市長、野党議員が一一月二一～二四日、大統領と与党議員が一一月二八日～一二月一日に実施された。署名の対象となる野党議員は三七人で、大半は、民主行動党、キリスト教社会党、正義第一党に所属していた。与党議員の対象は三五人で、多くが第五共和国運動（MVR）のメンバーだった。カーターセンターなど国際監視団四〇人以上が監視する中、焦点の大統領罷免国民投票を求める署名は、反政府勢力の推計で約三四六万人に上った。国民投票実施には有権者の二割にあたる約二四三万人が必要だが、推計はこれを大きく上回ったことになる。

チャベスはこの数字に危機感を覚えたのか、一二月、大統領当選五周年を祝う集会で演説し、「不正な署名を認めることはできない。不正な結果で国民投票を行うことはできない」と発言、反政府勢力を牽制した。だが、集計結果を裏づけるような民意が表れたのも事実だ。調査会社「コンスルトレス」は一二月、一〇～一一月に実施した国民投票に関する世論調査結果を発表したが、大統領選でチャベスと反政府勢力の対決となった場合、四八パーセントが反政府勢力、三九パーセントがチャベスに投票すると答えていた。

二〇〇四年に入った。政府側は、反政府勢力の署名に不正があったと主張し、最高裁に異議を申し立てる方針を明らかにした。事実、全国選挙評議会（CNE）は、同一人物の筆跡による署名の疑いを指摘し、それを不正とする規則を委員三対二で承認し、署名の確認期間を引き延ばした。これに対し、反政府勢力は、こうした規則が、政府側委員による横暴だと批判、二月にカラカスでデモ行進や道路封鎖を行った。

CNEのカラスケロ委員長は三月、署名の審査の結果、大統領罷免を求める国民投票の署名の有効は一八三万、無効は二三万、同一人物の筆跡などの疑いで今後審査される署名が八七万に上ると発表した。反政府勢力は、最高裁に対し、CNEの決定に異議申し立てを行った。最高裁選挙法廷（ベネズエラ最高裁の六法廷の一つ。主に選挙関連法案を審議する）はその訴えを認めたが、最高裁憲法法廷（ベネズエラ最高裁の六法廷の一つ。主に憲法判断を審議する）が選挙法廷の決定を無効としたため、カラカスではまた、一部市民と軍が衝突する事態に発展した。反政府勢力が司法判断を信用しなかったのは、チャベスの司法関与を肌で感じ取っていたためだ。

〇四年五月、最高裁組織法が与党の賛成多数で可決され、最高裁判事の数を二〇人から三二人に拡大し、新たに判事を選出する場合、原則として国会議員の三分の二以上の議決を必要とした。しかし、三回の議決で決まらない場合、四回目は過半数で承認されるとの内容だったため、与党優位の国会で、政府による司法介入の懸念が高まったのだ。

CNEのカラスケロ委員長は六月、署名審査後の最終結果を発表し、大統領罷免国民投票を問う署名が二五四万人に上ったと発表した。有効投票の二割を上回ったため、憲法七二条に基づき、八

反チャベス派のリーダー、エンリケ・メンドサミランダ州知事

月一五日に国民投票が実施されることになった。チャベスはこの時、国民向けの演説を行い、「今日は憲法の勝利だ。反政府勢力は、憲法の規定に基づき、民主主義に参加してきた」と結果を受諾する考えを示した。

反政府勢力のエンリケ・メンドサ・ミランダ州知事は、「この勝利は、政治的だけでなく、道徳的な勝利だ」と述べたが、反政府勢力には不安要因もあった。憲法二三三条は、大統領職が就任後四年を越えて欠員となった場合、副大統領が任期満了まで大統領職を継承すると規定しており、チャベスの場合、国民投票が就任四年の八月一九日以降に延期された場合、罷免が成立しても、ランヘル副大統領が大統領に昇格することになる。投票前倒しを求めたのはそのためだった。ただ、国際社会の反応は一様に良好で、米国、欧州連合、国連はそろって、チャベスの対応に歓迎の意向を表明した。

赤色と青色に分断されたベネズエラ

憲法七二条は、国民投票で大統領を罷免に追い込む条件として、罷免賛成票が大統領の前回選挙での得数を上回ることを規定している。反政府勢力にとって、罷免賛成票は、チャベスが二〇〇〇年大統領選で得た約三七〇万票を上回る必要がある。さらに、〇三年末、最高裁は大統領罷免の条件として、登録選挙人の二五パーセント以上の投票があり、チャベスの罷免賛成票が反対票を上回ることをつけ加えた。チャベスを大統領から放逐するためには、反政府勢力は三つの条件をクリアしなければならない。政府側と反政府勢力の双方は本格的な選挙運動に乗り出した。

チャベス派は、「マイサンタ全国司令部」を設置し、その下部組織として、各州や市に支部を置いた。司令部を統括したのが、ララ元国会議長、チャコン通信情報相らだった。投票所ごとに約一〇人で構成される選挙巡回団を組織化し、「罷免反対」の投票を呼び掛けた。チャベスも、週末になると、集会に出席し、得意の演説で政権継続を訴えた。七月上旬に開かれた独立一九三周年を祝う式典では、ベネズエラの詩人アンドレス・エロイ・ブランコが、一八一一年の独立宣言の際、「独立宣言を担った人が腕を高く挙げた」と記したことに触れ、「今、その腕が再び挙げられている。これを妨げようとしている集団がある」と述べ、反政府勢力を批判した。

反政府勢力も六月下旬、選対本部を設置、約四〇万人もの市民ボランティアを動員、罷免賛成を

「チャベス罷免」に「No」を叫ぶチャベス支持派の人々

訴える選挙戦に出た。七月に入ると、国民投票で勝利した場合を想定し、反政府勢力主体の暫定政権の指針となる「国家合意計画」を発表した。計画は、民間投資の促進、公共政策の拡大、信頼できる外交政策、国営ベネズエラ石油（ＰＤＶＳＡ）の再建が柱だった。さらに、七月下旬には、「統治のための合意」が発表され、国民和解の上に民主主義を確立し、暫定大統領選で統一候補を擁立することを決めた。

八月上旬。ベネズエラ国内は赤色と青色に分断されていた。赤色はチャベス支持者のトレードカラーで、大統領罷免に反対を示す「ＮＯ」の文字が書かれた赤字の旗やチラシを持った支持者が、街角を歩きながら、「ウッ、ハッ、チャベスは辞めない」と連呼していた。

一方、反政府勢力が手にした青色の旗やチラシには、罷免賛成を呼びかけ、英語のイエスにあた

「チャベス罷免国民投票」に「Ｓｉ(yes)」の旗を掲げてアピールする反政府側の市民集会

る「ＳＩ」の文字が印刷されていた。青色のシャツを着た反対派市民は、笛を吹き、国旗を振りながら、「ウッ、ハッ、チャベスは辞めろ」と叫んでいた。

チャベス派は、カラカスのボリバル通りに支持者を集めて、赤く染まる罷免反対を演出したし、反対派は、カラカスの高速道路に青色の旗を振る市民を集め、道路上の橋に設けられた特設ステージから、「ＳＩ、勝とう」と訴えた。反政府勢力のリーダー、エンリケ・メンドサは、「罷免を成し遂げることによって、ベネズエラは民主主義を回復できる」と絶叫した。

国民投票を前に、チャベスは自信に満ちていた。母親のエレナが投票の数日前、チャベスに会いに行くと、チャベスは「落ち着いて、お母さん。すべてうまくいくから。民衆は我々とともにある。これは間違いないから」と自信満々だった。エレ

国民投票に際し、大統領官邸の「アヤクチョの間」で会見するチャベス大統領

ナは、「ウゴの民衆への信頼は絶対に見えました。ですから、私も負けないという自信がついたのです。唯一、恐れたのは、反政府勢力が何か違法なことをするのではないかということだけでした」と語っている。

八月一五日午前六時、米州機構（OAS）やカーター・センター、中南米諸国の選挙管理委員会など国際監視団が見守る中、全国約八四〇〇カ所の投票所で国民投票が始まった。カラカスでは投票所前に長蛇の行列ができた。当日は照りつける炎天下、市民は路上に腰を下ろして、投票所入りを待った。結局、投票時間は午後四時から午後八時まで延長されたが、それでも投票を終えていない市民が列を作った。結局、最終的に投票が終わったのは、一六日午前零時だった。この後、ベネズエラ国中は異様な緊張状態につつまれた。全国選挙評議会（CNE）のカラスケロ委員長は午前二

2004年８月15日、国民投票当日、投票所に長蛇の列を作るカラカス市民

時過ぎ、緊張した面もちでテレビ画面に姿を現した。集計九四パーセントの段階で、罷免賛成三五七万に対し、罷免反対が四九九万だった。大統領の罷免否決である。この後、政府側と反政府勢力は全く異なる反応を見せた。

チャベスは大統領官邸二階のテラスに顔を出し、官邸前に詰めかけた支持者の熱狂に応えた。そこで、チャベスは「この勝利は憲法の勝利だ。国民投票は、国民が政治に参加する参加型民主主義を示した」と勝利宣言を行った。傍らには、長女のマリアがいた。

反政府勢力は、集計の違法性を指摘した。約八四〇〇カ所の投票所のうち、約四八〇〇カ所で導入された自動集計が、恣意的に改ざんされたと主張したのだ。反対派テレビは、集計が違法だったとする市民をスタジオに招き、集計の正当性に疑問を投げかけた。反政府勢力を率いるエンリケ・

国民投票後、ベネズエラ国民に平静を呼びかけるカーター元米大統領（中央）、左端はガビリア・米州機構事務局長

メンドサ・ミランダ州知事は、「我々は不正の証拠を国際機関に提出して、異議申し立てを行う」と述べ、反対派の拍手を受けた。

チャベスは翌一六日の会見で、即座にこれに反発する。「反政府勢力の主張は、国民投票に参加した国民を冒涜するものだ。私は彼ら（反政府勢力）に対話を呼び掛けたい」と語った。

全国選挙評議会（CNE）は八月一九〜二一日、カーター・センターの協力の下、全国で無作為抽出した一五〇カ所の投票所の投票証明書や投票用紙などを調査、CNEは調査の結果、集計に誤りはなかったとの結果を発表した。さらに、カーター・センターや米州機構（OAS）も投票結果を受諾した。また、ブラジル、メキシコなど中南米諸国のほか、ロシア、中国なども投票結果への支持を明確にした。チャベス政権に距離を置く米国も、投票の結果を受け入れざるを得ず、アーミテージ国務副長官は、「ベネズエラにおける民主主義を歓迎する」と述べた。ＯＡＳの常設理事会は八月二六日、投票結果を受け入れるよう呼び掛ける決議八六九を採択した。こうして、反政府勢力はまたしても苦杯をなめることになった。

チャベスは八月二七日、ＣＮＥによる大統領認証式に臨んだ。その場でチャベスは、「ボリバル革命の遂行に変更はない。国民のために革命を強化する」と語った。国民投票で承認されたチャベスは、「革命」の推進を明言したのだ。

チャベス派の勝因

ところで、チャベスはどうして勝利できたのだろうか。〇三年はゼネストの後遺症で、国内総生産（ＧＤＰ）成長率はマイナス九パーセントとなり、特に、基幹産業の石油部門はマイナス一〇パーセントを記録した。物価上昇率は年間三〇パーセント近くに上り、国民の不満の鬱積から、チャベスの支持率は下降をたどり、一時は国民投票の罷免は確実と見られていたのだ。

それなのにチャベスが勝利した理由として、国営ベネズエラ石油（ＰＤＶＳＡ）の経営を改革し、石油収入を社会事業に振り向け、民衆の利益に還元したことが大きいと言われる。そしてその石油収入を支えたのが、原油価格の高騰だった。国際的な原油価格の指標となっている米ニューヨーク・マーカンタイル取引所（ＮＹＭＥＸ）のウェスト・テキサス・インターミディエイト（ＷＴＩ）原油の先物価格は〇四年三月、一バレル＝三八ドルまで上昇、一九九一年の湾岸戦争時以来の高値となった。これに伴い、ベネズエラ産石油の価格は〇四年三月、一バレル＝三〇ドルを突破。石油輸出国機構（ＯＰＥＣ）は〇四年六月、総会で増産決定を決めたが、その後も原油価格の高騰は止まらなかった。

チャベスは五月、ロイター通信とのインタビューで、「我々がもし（原油）生産を上げたら、病人に間違った薬を与えるような重大な間違いを犯すことになるだろう」と述べたが、生産を抑えることで、石油価格を維持したい狙いが透けて見える。ＰＤＶＳＡの〇四年収入予算額は約五〇億ドルだが、このうち一七億ドルは社会開発や農業開発など社会事業に投資された。そして、原油高で入った余剰収入のうち約二〇億ドルが、特別開発基金に預託され、政府の社会事業に投入されたのだ。

ＰＤＶＳＡ社会開発部長のダビッド・フィゲラによると、チャベスが大統領に就任した一九九九年以降、ＰＤＶＳＡの利益のうち社会事業にあてられたのは一パーセントで、当時は、一バレル＝一七ドル程度だったため、予算規模も一五〇〇万ドルに過ぎなかった。二〇〇〇年に一バレル＝二五ドルまで原油価格が上昇し、社会事業への経費は二〇〇〇万ドルに達した。チャベスがＰＤＶＳＡを掌握した二〇〇四年には、原油生産は日量二九四万バレルに達してゼネストによる生産減を克服、社会事業費も一〇億ドルに急増した。大統領就任時に比べ、七〇倍近くの規模に達した石油による社会事業費は当然、チャベスの追い風となる。

〇四年五月、筆者はカラカス西部カリキュアオにある「人民診療所」を訪ねた。「バリオ・アデントロ計画」の一環で、前月四月に、四〇億ボリバルを投じて開設されたばかりだった。もともとは簡単な初期治療を行う診療所だったが、周辺に住む約五万人の診察を担うため、全面的に改装し、五階建て三五〇〇平方メートルの総合病院に生まれ変わった。医師七五人、看護師一六六人とスタッフを合わせ計四八一人が二四時間体制で働き、大病院の機能の七割をカバーする。診療所入り口には「ボリバル政府よ、前進せよ」と書かれた赤色の看板が掲げられ、チャベスによって建設された印象が伝わってくる。院内は患者であふれていた。

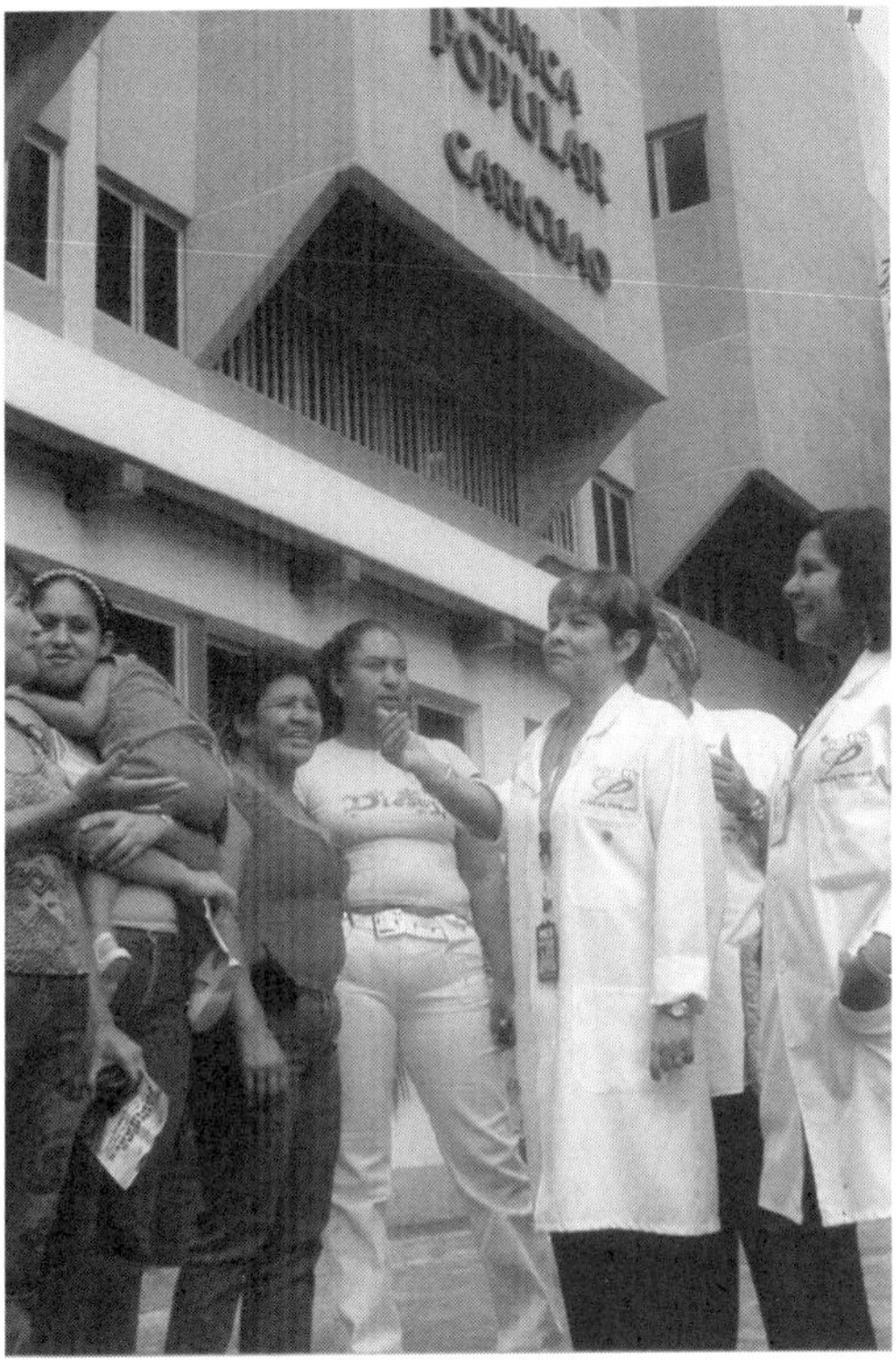
カラカス西部カリキュアオにある「人民診療所」

近くに住む四八歳の主婦、ビジェカス・ロメリアさんは、心臓の鼓動を早く感じるため、月三回は通院している。ほかの病院では、一回に五万ボリバル（約二〇ドル）かかり、八人の子どもを育てる母親には重い負担だったため、少々体の調子が悪くても通院しなかったが、ここでは無料だ。ロメリアさんは「貧乏人のためにこんな立派な施設を作ってくれる大統領はいなかった。一〇〇パーセント、チャベスを支持する」と声を張り上げた。政府発表によると、一七〇〇万人ものベネズエラ人に医療が確保されたという。

医療だけにとどまらない。チャベスは記者会見のたびに、政府の政策を紹介するパンフレットを記者団に配布する。その中に、アリストブロ・イストゥリス教育相が陣頭指揮を取る教育改革の冊子「ベネズエラは進む」がある。国内総生産に占める教育関連予算はかつて三パーセントを下回っていたが、今や六・一パーセントに上り、学校の給食を受けたのは一九九九年の約二四万六〇〇〇人から、二〇〇三年には約八五万人に達したと紹介されている。また、識字計画への参加者は一年間で一〇〇万人を突破した。この事業の原資も、石油収入の割合が大きい。

ＰＤＶＳＡは〇四年八月、国民投票を前に、「ＰＤＶＳＡ　アル・ディア（最新号）」の特別号を発行した。「真実と偽りの間の戦い」と書かれた表紙をめくると、ＰＤＶＳＡが実施する社会事業が詳細に説明されていた。その一文を拾うと、「ベネズエラのメディアは石油収入が民衆の生活向上につながっていないと指摘するが、この国にメディアは存在しない。石油はベネズエラ人民すべてのものだ」と書かれていた。

さらにページを繰ると、チャベス大統領の演説内容、ラミレス鉱業エネルギー相や、アリ・ロドリゲスＰＤＶＳＡ総裁のインタビューが登場し、「ＰＤＶＳＡの民営化は反国家的分子の利益となる」「ＰＤＶＳＡの貢献は二〇〇四年に記録的な数字となった」といった文字が踊る。ＰＤＶＳＡが生み出す利益が社会事業に回され、それがチャベス支持に結実している形だ。

ランヘル副大統領は、国民投票に際し、「ベネズエラ人がこの国民投票で判断することは、石油収入が、教育や医療に向けられることを望むのか、それとも、権力者や外国に向けられることを望むのか、ということだ」と言明した。メッセージは明白だった。ちなみに、政府は、石油の余剰収入がもたらした成果として、〇四年七月、一六パーセントだった付加価値税を一五パーセントに減らし、八月上旬には、就労二〇人以上の都市部企業の最低賃金を一五四ドルから一六七ドルまで引き上げた点を挙げている。

反政府勢力はもちろん、ＰＤＶＳＡを利用したチャベスの政策に猛烈に反発する。野党の一角を占める連合党幹部のルイス・マノエル・エスクルピは、「チャベスは政府の金を使って政治運動をしている。石油収入によって社会事業を展開し、支持を広げようとしている。これが続けば、きれいな選挙と民主主義を維持することは難しい」と批判した。

しかし、反政府勢力の最大の問題は、チャベス批判が先走り、国民に分かりやすい新政権像を示せなかった点だろう。民主行動党のメンデス・キハーダ党首は、「チャベスが（国民投票で）罷免されれば、その後の大統領選で我々は統一候補を擁立する」と言っていたが、国民投票前に候補者の具体名を示すことはできなかった。エルウニベルサル紙のアナ・マリア・コントレラス記者も、「彼らが言っていることは最初から何の変わりもない。それは、チャベス政権が独裁的で反民主的と叫ぶことだ。ベネズエラはキューバになる、という類のものだ」と戦略の失敗を指摘していた。

国民投票の勝利から三日後、チャベスは、ブラジル・オグロボ紙のジョゼ・ロベルト・ブルニエ記者との会見に応じた。チャベスはこう発言している。

「私には責任がある。私はこの民衆とともにあることが重要だと考えている。私は貧しい地区に住むことが好きだ。そして、そこで働き、問題を解決したい。そして今、民衆が、私がベネズエラを二〇一四年まで率いることを望むなら、その民衆の声は神の声だ。私の国が、私が有益であるとは思わなくなるまで、私は国にとって有益であろうと努める。それは野球と同じで、まだ投げたいと思っても、疲れて、腕が痛くなり、敵に打たれ始めたら、別の投手ということになる。つまり、神が求め、民衆が望むまでそこにいることになる」

民衆の支持を背景に、政権運営に自信を示すチャベスの気持ちが如実に表れている。

「農地解放」を強行実施

国民投票後、反政府運動にも変化の兆しが表れた。これまでチャベス打倒の急先鋒だったベネズエラ商工会議所連盟（フェデカマラス）のムニョス会長は、国民の分断の解消などを政府に要求する形で、投票結果を事実上受け入れる意向を示した。〇四年九月に入ると、ベネズエラ商工会議所連盟は、私有財産の尊重や表現の自由などの項目について、政権側と対話の用意があると表明した。ベネズエラ中小企業連盟のペレス会長も、政府と民間部門との対話を要求、チャベス政権に一定の期待感を示した。いずれも、チャベス政権継続という現実を直視し、その中で業界の利益を維持しようとする意思の表れだ。

その一例としては、外交官の任命に関する議論がある。政府は七月、外務公務員法を改正し、以前は大統領による外交官の任命が五割に限られていたのを、国会の委任を受けてすべて行う方針を固めた。チャベスは以前、外交官について、「大使館には年をとった官僚がたくさんいて、（革命の）プロセスに必要な政治集団や知識人との接触を妨害することもある」と不満をぶちまけていた。反政府勢力にとって、こうした権力集中は、政府打倒の攻撃材料となるはずだった。しかし、国民投票後、反政府勢力は内部分裂の様相を呈し、統一した倒閣運動を打ち出すことができなかった。改正案は〇五年六月、国会で可決された。

反政府勢力にとって、この時期の目標は一〇月末の地方選だった。しかし、国民投票でチャベス支持の世論を見せつけられた野党勢力は、予想される苦戦に戦術を変え始めた。野党の「勇敢な国民同盟党（ＡＢＰ）」や、「急進大義党（ＬＣＲ）」の幹部は、反政府勢力とは一線を画し、独自に選挙戦を行うことを決めた。

選挙戦は九月下旬に始まったが、チャベスの狙いは、反政府勢力が抑えていた自治体の奪回だった。このうち、反政府勢力のリーダー・エンリケ・メンドサが知事を務めるミランダ州知事選には、カベジョ前インフラ相、アルフレド・ペニャが務めるカラカス首都区長官には、「第五共和国運動（ＭＶＲ）」のバレート議員、カラボボ州知事にはカルレス国家警備軍退役少将をそれぞれ出馬させることにした。

選挙期間中、キリスト教社会党が、約一八〇万人が不正に選挙登録されていると最高裁に訴えたほか、首都区スクレ市長選への出馬を表明していた野党候補が、公正な集計が不可能だとして、立候補を辞退するという波瀾はあったが、選挙戦は大きな混乱もなく進行した。

一〇月三一日、二二の州知事、二二九の州議会議員、カラカス首都区長官、三三三の市長などを決める地方選の投票が始まった。全国選挙評議会（CNE）は一一月一日、暫定の選挙結果を発表した。第五共和国運動（MVR）、社会民主主義運動党（PODEMOS）、皆のための祖国党（PPT）などから構成される与党は、州知事選二二のうち二一州で勝利、州議会議員選では一九五議席を獲得、市長選三三三市のうち二三五市を取った。

与党圧勝の背景としては、野党のボイコット戦術で、投票率が州知事選で四八パーセント、市長選で四九パーセントにとどまったことが挙げられるが、中南米諸国の選挙管理委員会を主体とする国際選挙監視団は選挙に違法はなかったとの立場を示した。チャベスは地方選後の一一月中旬、選出された州知事や市長らを集め、「ボリバル革命」のための高級レベル会議を開催し、結束を呼びかけた。

この時、チャベスの政治基盤はいっそう盤石になった。勢い、「革命」も加速していく。象徴的なのは、一二月に国会で可決された「テレビとラジオの社会的責任に関する法」だ。この法律は、メディアが治安の悪化や犯罪をあおっていると判断された場合、行政当局が放送停止処分を行えるという内容で、反対派メディアを牽制したことは明確だ。

また、〇四年五月に最高裁組織法が発効したことを受け、国会は一二月、判事一七人を新たに選出した。この中には、与党「第五共和国運動」国会議員や、全国選挙評議会（ＣＮＥ）のカラスケロ委員長らチャベス派と見られる人物が多数選ばれた。また、チャベスは授権法に基づき、土地農業開発法を制定したが、チャベス派のコヘーデス州知事やヤラクイ州知事は一二月、これを適用する形で、州内の遊休地など主要な土地を収用した。もちろん、野党各党は政府の権限拡大に猛然と反発したが、もはや政情不安を起こすほどの衝撃はなかった。

〇五年に入っても、チャベスの「革命」は続く。チャベスは一月、国会で恒例の大統領教書演説を行い、ロビンソン計画、スクレ計画、ホセ・フェリックス・リバス計画（一七八ページ参照）の受益者が四〇〇万人近くに上ったことを明らかにし、〇五年を一連の計画の第二段階と位置づけ、さらに受益者を増やす方針を強調した。

同年二月の就任六周年の演説では、九九年＝ボリバル共和国憲法誕生の年、〇一年＝授権法を確立した年、〇二年＝革命に対する攻撃の年、〇四年＝革命を願う国民が勝利した年、と位置づけ、計画実現のため、国民参加・社会開発省の創設を表明した。

また、土地収用の波は、ほかの州にも拡大する。一月、農地の所有権の再編を容認する大統領令が公布され、「サモラ計画」と呼ばれる農地改革が実行に移される。サモラとは、一九世紀に農民運動を指導したエセキエル・サモラ将軍（四二ページ参照）で、計画実行のため、未利用地の有効活用や土地の割り当てを行うための農業委員会が発足した。チャベスは演説で、「五パーセントの地主が八〇パーセントの土地を所有している」と大地主を非難している。チャベスの父ウゴ・デロスレイエスが、州知事を務めるバリナス州でも、食品会社の元労働者が穀物会社の倉庫を占拠したことをきっかけに、〇五年九月、会社の用地・設備の接収を認める決定が下された。

チャベスはこの月、バリナス州から「アロー・プレジデンテ」に出演し、大土地所有制を終結させる考えを表明。政府は〇五年中に一三〇万ヘクタールの農場を接収し、〇六年中には一五〇万ヘクタールの接収を目標に掲げている。

この強硬な計画が実行できたのは、世論の追い風を受けたことによる。調査機関「ダタナリシス」が〇五年二～三月に行った世論調査では、チャベスの業績を「良い」としたのは七割に上り、分野別では教育や医療に関する政策への満足度は六～七割の高率となった。八～九月に行われた別の調査では、国内情勢が改善しているとしたのは四割を超え、伝統政党への不信感は七割に達している。

こうした高支持率の一因に挙げられるのが、もちろん、回復軌道に乗った経済情勢だ。〇三年第三―四半期以降、経済は拡大し、ベネズエラ中央銀行によると、〇四年の国内総生産（GDP）成長率は、前年比一七パーセント増となった。特に、建設業や運輸業は二〇パーセント以上の成長を見せた。原油高騰により、ベネズエラ石油の輸出価格は〇五年通年で四割も上昇、石油収入は急増した。さらに、製造業の回復も顕著で、〇五年当初予算は、前年比四〇パーセント増の約三二〇億ドル、同年のGDP成長率は九パーセントに達した。

経常収支は黒字となり、中央銀行の外貨準備高も通年で二割以上増加した。経済回復は雇用を呼び、失業率は〇五年一月の一五パーセントから一二月には九パーセントまで減少した。〇六年当初の国家予算も、約四〇〇億ドルに増額している。こうした余剰原資は当然、社会事業に傾注される。〇六年には、法定最低賃金が一五パーセント引き上げられ、失業中の主婦に特別手当が支給されることになり、チャベスの支持者が増加する結果をもたらしそうだ。

〇五年三月、最高裁憲法法廷は、〇二年四月のクーデター未遂事件に関与したバスケス元陸軍司令官ら四人に対し、裁判開始の判断を求める予審請求を無効と判断した。〇五年一二月には、〇二〜〇三年のゼネストを指揮し、一時はコスタリカに亡命していたベネズエラ労働総同盟（ＣＴＶ）のオルテガ元書記長に懲役一五年一一カ月の判決が言い渡された。もっとも、バスケスやオルテガはもはや過去の人物に過ぎず、二人に対する司法判断は政局に大きな影響を与えなかった。

世論の支持を受け、三権を事実上支配するチャベス。この時期、チャベスを倒すにはもはや暗殺しかあり得ないという声も出てきた。〇五年四月、チャベスが「アロー・プレジデンテ」で、「我々は不測の事態に備えている」と語ったのも、それを念頭に置いたのかもしれない。翌五月、チャベスが四八時間不在となり、「アロー・プレジデンテ」も中止になることがあったが、そのときは暗殺や病気の噂が流れた。八月には、米国の宗教家、パット・ロバートソンが、チャベス暗殺を容認する発言を行い、国際社会の耳目を引いた。

不穏な空気は、チャベスを防衛へと駆り立てる。チャベスは二月、国民の国防への参加を提唱し、地域ごとに「国民防衛隊」を結成する構想を示した。四月には、大統領府直轄の予備役司令部を創設し、最高司令官としてキンテロ・ビロリア前国軍統合本部司令官を任命。同月に行われた司令部発足では、二万人の予備役が動員され、「将来の闘争に備えてほしい。帝国主義は、我々の石油を狙って攻撃してくる」と檄を飛ばした。ビロリア予備役司令官が「攻撃」として想定したのが、「非対称戦」（注2）であり、その中にはチャベス暗殺のテロ組織も含まれている。このほか、チャベスは、ロシアやスペインから武器・兵器を購入し、〇六年二月には、米国の「侵略」に対抗するため、一〇〇万人の市民を武装させる考えも示した。五月には、米国による侵攻を想定し、軍人と民間人による合同の軍事演習が行われた。

〇五年八月、市議や区議を決める地方選が行われ、チャベス与党の議席獲得率はいずれも七割を超えた。同年一二月に行われた国会議員選では、一六七議席の全議席をチャベス支持者が独占、このうち一一八議席は「第五共和国運動（MVR）」所属候補だった。ただ、国会議員選で投票棄権率は七割を超え、チャベスへの不信任の意味を持ったとも言えるが、チャベスは当然、〇六年一二月に予定される大統領選での再選を確実視している。

野党では、正義第一党のフリオ・ボルヘス幹事長が〇五年五月、大統領選への出馬する意向を表明した。この後、ボルヘスや、スリア州のマヌエル・ロサレス州知事ら有力三人は〇六年四月、統一候補を擁立することで合意した。

チャベスは、自身の引退時期を二〇二一年から二〇三〇年まで延長すると表明、〇六年二月の演説では、大統領選で有効得票の七割にあたる一〇〇〇万票を獲得すると公言した。さらに、大統領選をブッシュ米大統領との対決と位置づける。現状では、野党が統一候補を擁立しても、チャベスに勝利する可能性は少ないとの見方が強く、チャベスは大統領選で圧勝し、ブッシュの〝介入〟を未然に防ぐことをアピールしたいかのようだ。

（注１）資本逃避＝経済不安を原因に投資家が資金を国外に引き上げ、資本が流出すること。結果として、為替相場が下落し、景気後退になりやすい。

（注２）非対称戦＝非正規戦争ともいう。従来の国家間の戦争で見られた正規軍どうしの戦争でなく、テロ組織を含め少数の武装勢力が国家権力に対して挑む戦争をいう。

第5章

チャベス政治の行方

資源ナショナリズム

ベネズエラは世界有数の産油国だ。石油輸出国機構（ＯＰＥＣ）の統計（二〇〇四年）では、ベネズエラの原油の確認埋蔵量は約八〇〇億バレルに上り、中南米で最多だ。〇六年一月の統計では、原油生産（日量）は二一三万バレルに上り、世界の原油埋蔵量の八割を占めるＯＰＥＣ加盟国では六位になっている。グアリコ州やバリナス州に新たな精油所を建設、二〇一二年には、生産能力を現状の二倍を超える日量五八〇万バレルに伸ばすことを目指している。チャベスが国際的に注目を集めるのは、この石油資源を国内、国際政治の目的に活用する意図を鮮明に示しているためだ。

最初に、ベネズエラにおける石油開発の歴史と特徴を振り返る。ベネズエラで最初に石油が発見されたのは、西部スリア州のマラカイボ湖付近で、二〇世紀初頭のことだった。一九二〇年代には、石油の輸出額はコーヒーを抜いて第一位となり、これにより、債務も返済した。以後、石油は輸出額の九割、歳入の七割を占めるまでになる。石油開発は、国際石油資本（メジャー）が行い、政府は一定の利権料や税金を受け取っていたが、その利益が国民の福祉に還元されることはほとんどなかった。五八年以降、民主行動党とキリスト教社会党の二大政党による文民政権が発足した後も、状況に大きな変化はなかった。七六年、ペレス大統領は石油産業の国有化を宣言、石油公社・国営ベネズエラ石油（ＰＤＶＳＡ）を通じて利益を国庫に納めさせた。「石油をまく」のスローガンで、石油

マラカイボ湖

収入を原資に工業化政策を進めたが、PDVSAは、政権が直接関与できない「国家内の国家」と呼ばれる存在だった。

元サウジアラビア大使で政治評論家のカルロス・メンドサ・ポテラによると、石油収益のうち国家が受領する割合は〇一年には二割程度で、PDVSA幹部の月収は、大統領の月七〇〇ドルをはるかに上回る一万六〇〇〇ドル。PDVSAの年間原油生産額のうち八割が生産コストなどに消費され、非効率な経営が目立ったという。

スリア大学教授で石油学に詳しいラファエル・パラは、ベネズエラの原油生産コストは、サウジアラビアの五~六倍で、効率的に運営すれば、コストの五割は削減できる、と指摘している。また、後にPDVSA総裁から中央銀行総裁となったガストン・パラ・ルサルドは、石油産業の国庫への貢献度について、七六年には七割だったが、二〇〇〇年には二割まで減少したと語っている。すなわち、一〇〇年近い開発の中で、石油生産は世界有数の規模まで伸びたが、その経営は石油公社が独占し、政府の関与を受けない状況が固定化していたのだ。

チャベス政治の原点は、白人という支配層と、先住民や混血といった被支配層の格差を是正することだった。国家歳入の半分以上を占める石油産業は、この目的達成のための大きな推進力となる。だから、チャベスの石油戦略は、当初、石油公社である国営ベネズエラ石油（PDVSA）を掌握し、その利益を貧困層に振り向けることだった。ベネズエラ国営ベンプレス通信のイングリッド・ナバロ記者によると、チャベスは、信頼する側近をPDVSAの重役に送り込む形で、PDVSAの〝本丸〟に斬り込んでいく。

二〇〇〇年一〇月、石油労働者組合はPDVSAに対して賃上げ要求のストライキを決行したが、その解決後に、チャバルディーニPDVSA総裁が罷免され、現役の軍人であるラメダ前財務省中央予算局長が任命された。しかし、ラメダ総裁も〇一年二月、政府の介入に批判的だったため、総裁職を更迭され、ガストン・パラ中央銀行第一副総裁が新総裁に就任した。パラは左派系のエコノミストと言われ、ラメダとは対照的に、PDVSAのロイヤルティーを一六・七パーセントから三〇パーセントに引き上げた改正炭化水素法を支持した。改正炭化水素法は、〇一年一一月、チャベスが授権法（一一一ページ参照）に基づき、発令した政令の一つだ。

さらに、チャベスは〇二年二月、経営陣の刷新を図るため、政権寄りと見られた幹部をPDVS

Aに送り込み、四月に入ると、テレビ番組で、チャベスの姿勢に反発する幹部職員を一方的に解雇すると発表した。幹部人事を巡る内部対立が、反対派のストや抗議デモを呼び、前述したように、四月一一日のクーデター未遂事件につながっていく。クーデターが失敗に終わり、大統領に復帰したチャベスは、解雇した経営陣の復帰を認めた。チャベスは、チリの心理学者マルタ・アルネッカーとの会見で、幹部職員の解雇について、「それは私が犯した重大な間違いの一つだった。私は熱くなるという悪いくせが出た。あのようなことはけっして繰り返さないことを誓う」と反省しており、反政府勢力の沈静化のため、強硬姿勢を緩めた形だった。

チャベスが国営ベネズエラ石油（PDVSA）への掌握を強めるきっかけとなったのは、〇二年一二月から二カ月続いたゼネストだった。PDVSAでは職員の相次ぐスト参加で、エルパリト、バホグランデ、パラグアナといった有力な精錬所の運転は停止。日量三〇〇万バレル近い産油量は、一時は三〇万バレル程度まで激減した。ベネズエラの原油埋蔵量の七割を占める西部スリア州でも、海上から石油タンカーの姿が消えた。ストの影響が広がったのは、原油の生産過程の大半がコンピューター化され、システムの中枢がカラカスのPDVSA本部に集中し、スト参加者によって、このシステムが妨害されたためだった。

しかし、ストが収拾に向かうと事態は一変する。チャベスは、ストに参加した約一万三〇〇〇人のPDVSA職員の復職を認めなかった。PDVSA本体を支配していた「指導評議会」の七人のメンバーは辞任に追い込まれ、続投するアリ・ロドリゲス総裁の下、新しい評議会メンバーが任命された。政府は、反政府勢力による新たな「妨害」に備えながら、原油生産の回復を図った。この時はスト参加者と一切妥協せず、チャベスに忠実な経営陣によるPDVSA支配を進めた。

以後、PDVSAの予算にはチャベスの政治思想が色濃く反映されることになる。PDVSAで社会開発のアナリストを担当するルイス・モリジョによると、PDVSAが社会事業にあてる予算は〇三年、五八〇億ボリバル（一ドル＝一六〇〇ボリバル）だったが、〇四年には一兆一〇〇〇億ボリバルに達した。〇四年七月以降は、PDVSA内部に社会事業部が誕生した。その過程について、側近で上等教育相を務めたエクトル・アウグスト・ナバロ・ディアスは、「PDVSAで起こっていることは、大統領が実現している革命の証明である。大金をもらって、マイアミで豪遊することに慣れていた人を追い出した。なぜなら、憲法は、石油がベネズエラ人に属すると規定している。それを理解できない人は、去らなければならない」と語っている。

チャベス自身も〇四年二月、カラカスでの集会で、「今や、我々はPDVSAの収支を知っている。以前には金は失われていた。今や、農業のための資金もある。石油を使うことで、われわれの国は国際通貨基金（IMF）に頼らずに発展し、政治的で道徳的な独立を保つことができる」と強調している。

チャベスは、〇四年八月の国民投票で、大統領罷免案件を否決に追い込むと、さらにPDVSAの運営に介入していく。〇五年に入り、中央銀行法が改正され、PDVSAは石油輸出で得た外貨を中央銀行に売却する義務を負わず、国家開発に使用される基金に積み立てられることになった。

〇五年九月、国家開発基金が創設され、石油収入を直接、社会事業に利用するシステムが整った。具体的には、橋梁や鉄道の敷設など基盤整備への投資が主体だ。

さらに、石油産業が開放化された九〇年代に国内・外国企業と締結された操業協定を解消する動きが加速する。当時のＰＤＶＳＡと外国企業は、石油生産に関する契約を自由に決めていたが、それを国家の手に委ね、〇六年一月以降は、国家が石油事業を管理し、企業が合弁企業に資本参加する形で、石油生産が行われることになった。合弁企業は、総収入の五割以上をロイヤルティーと所得税の支払いに充当することになった。

チャベスは〇六年三月、この件に関し、米英日など主要国の企業家の前で演説し、「これは国家が資源への主権を回復し、国家の開発や計画に民間資本を投資することを意味する。ネオリベラリズムとの決別である」と強調している。ベネズエラの国富が外国企業に占有されていた状況を打破し、国家の管理下に置くという「資源ナショナリズム」の思考が見て取れる。

ＰＤＶＳＡ本体だけでなく、ＰＤＶＳＡが締結した契約まで、政府が管理することで、チャベスが政治的に利用できる石油収入は増加している。第四章で触れたように、チャベスは、貧困地区で医療機関、診療所、病院を開設する「バリオ・アデントロ計画」や、成人に文字を教える「ロビンソン計画」などを実施しているが、その原資の大半は石油産業が生み出したものだ。折からの原油価格の高騰もあり、全国各地で石油による病院や学校が次々に建設されている。

石油カード

国外でも、石油はチャベスの外交の重要な武器である。外交上のチャベスの関心は、中南米地域の統合と米国の影響力の縮小にあり、石油はその狙いの実現に活用される。米国の原油輸入量を見ると、ベネズエラ産の割合は一〇パーセントを超え、サウジアラビアやメキシコなどに次いで多い。米国にとって、ベネズエラが有力な資源供給国であることは疑いを入れない。だからこそ、チャベスは〇四年、反政府勢力の一部が米国に対し、できるだけ早く軍事介入を要請したとの報道に触れ、「ブッシュ氏がベネズエラの内政を妨害するような行動を取った場合、ベネズエラの石油は一滴も米国には行かない」と警告した。

ＰＤＶＳＡ総裁を兼任するラミレス・エネルギー石油相も〇五年三月、米国がベネズエラを攻撃した場合、「対米石油輸出を停止する」と強調し、中国やインドに輸出先を変える考えを示した。米国のハドソン研究所の上級研究員だったコンスタンティヌ・メンゲス（故人）によると、実際、ベネズエラには中国への石油輸出を本格化させる計画があったという。

一方で、チャベスは〇四年七月、アルゼンチンとの間で、南米のエネルギー統合を実現するため、「ペトロ・スル石油公社」を発足させることを表明した。〇五年一一月には、ベネズエラからブラジル、ウルグアイ、パラグアイ、アルゼンチンを結ぶ全長約六〇〇〇キロものガス・パイプライン建設のため、実務を担当する作業チームが発足する見通しとなった。チャベスは〇五年七月、国会で演説し、石油を地域統合に活用する方針を示し、国際会議のたびに、同様の方針を強調している。

近隣諸国との個別の連携も目立つ。チャベスは〇四年一一月、コロンビアを訪問した際、ウリベ大統領との間で、ＰＤＶＳＡとコロンビア石油公社が協力し、ペトロ・アメリカ公社構想を進めることで合意した。コロンビア革命軍（ＦＡＲＣ）の越境問題などを抱える両国だが、すでに合意したガス・パイプラインで両国をつなぐ構想に続き、エネルギー統合を進める狙いだ。

パラグアイについては、〇四年一一月、ドゥアルテ大統領がベネズエラを訪問した際、ベネズエラがパラグアイに最大日量一万八〇〇〇バレルの石油を供給することで合意した。さらに、ドミニカ共和国に対しても、フェルナンデス大統領との間で、エネルギー協力協定に署名。ドミニカ共和国への原油割り当てを、日量二万バレルから五万バレルに増やした。ブラジルとの間では、ＰＤＶＳＡが〇五年、ブラジル石油公社（ペトロブラス）と共同で、ブラジル北部ペルナンブコ州に精油所を建設することを決めた。

チャベスは、こうした協力や協定の積み重ねが、中南米諸国の連携や関係を強化させ、統合の序幕になると見ているのだ。

ところで、石油カードを有効に活用するには、原油高が望ましい。チャベスは、二〇〇〇年九月にカラカスで開かれた石油輸出国機構（ＯＰＥＣ）の第二回首脳会議で演説し、ＯＰＥＣの結束と統合を訴えたうえで、「効果的で経済的な原油の供給」を主張し、ＯＰＥＣ加盟国の利益を確保することの必要性を訴えた。また、「ＯＰＥＣ首脳会議は世界の貧しい人たちの側にある。最大の悲劇は、貧困にある。（中略）さらに我々は、第三世界の多くが直面する莫大な負債に懸念を抱いている」と述べ、ＯＰＥＣ加盟国の連携で原油価格をなるべく高めに維持し、その収益を第三世界の貧困対策に振り向けるべきとの戦略が透けて見える。

チャベスはこれまで、サウジアラビアやイランなど中東の産油国を頻繁に訪れているが、ウルティマ・ノティシアス紙のヘスス・デュラン記者は、「生産を抑制し、原油価格を高めに維持することが狙いだ。原油価格が高くなれば、歳入が増加し、社会事業への投資が可能となる」と解説している。

チャベス政権を敵視するアメリカ

「ベネズエラ労働者総同盟に一一万六〇〇〇ドル」

「経済団体に一八万二〇〇〇ドル」

米議会が出資する民間活動団体「民主主義のための国民財産（ＮＥＤ）」が、ベネズエラの反政府勢力に寄付した金額がずらりと並ぶ。米国の情報公開法に基づき、米国のエバ・ゴリンジャ弁護士らが分析した資料だ。ゴリンジャ氏は、二〇〇二年にチャベスが二日間放逐されたクーデター未遂事件の前後だけで計四〇〇万ドルが反政府勢力に流れたと指摘する。ＮＥＤは、民主主義を促す寄付行為と主張し、クーデターを支援した点を否定したが、ベネズエラでは、チャベス政権を打倒しようとする米国の動きとして大きく報道された。

情報の真偽は別にして、明らかなことは、米国が最近の歴代ベネズエラ政権の中でチャベス政権を最も敵視している点だ。チャベスが一九九八年の大統領選に向け、選挙運動を続けていた時、米国はチャベスに入国査証を発給しなかった。

〇二年二月、バウチャー国務省報道官は、「チャベス大統領の言動や、大統領支持者のマスコミに対する攻撃を懸念する」と述べた。翌三月には、オットー・ライヒ米国務次官補（西半球担当）が、訪米した反政府勢力の指導者の一人、アルフレド・ペニャ・カラカス首都区長官と会談、四月のクーデター計画を協議したのではないかとの憶測を呼んだ。ライス国務長官も、〇五年一月、チャベスがキューバのカストロ国家評議会議長と近い点を挙げ、ほかの中南米諸国とベネズエラ包囲網を築く可能性を示唆し、〇六年に入っても、ベネズエラが中南米の民主主義の「脅威」とする発言を行っている。

通商交渉でも、その傾向は顕著だ。ブッシュ大統領は〇二年三月、就任後初の中南米三カ国を歴訪、リマでコロンビア、エクアドル、ボリビア、ペルーとの首脳会議を行い、通商の強化を協議した。参加したのは、ベネズエラ以外のアンデス共同体（注1）加盟国で、ブッシュは、「自由貿易圏創設の動きに異議を唱える首脳が、この会議に参加する意義はない」とチャベスを批判している。また、ゼーリック米通商代表は〇三年一一月、米マイアミで開催された米州自由貿易圏（ＦＴＡＡ、注2）貿易相会議で、コロンビア、ペルー、ボリビアと自由貿易協定のための交渉に入る用意があると表明、ベネズエラ抜きでの統合を鮮明にした。

米国が反チャベスを貫くのは、チャベスの反米的な言動と、ベネズエラの産油国としての重要性を考慮したものだ。チャベスは、カストロと親交が厚く、米国を「帝国主義国家」と呼び、中南米における米国の影響力排除を呼びかける。ベネズエラでは以前、キューバに石油を一滴も輸出しない時代が続いたが、チャベスは安価に石油を供給、カストロ体制を側面支援している。その左翼的な政治思想が、中南米諸国に広がれば、伝統的に「裏庭」としてきた地域での影響力の減退につながる。

〇二年二月、テネット中央情報局（ＣＩＡ）長官は、米上院情報委員会で、「チャベス大統領の『ボリバル革命』に対する国民の不満は高まり、危機的な状況が今後さらに悪化する可能性がある」と発言、チャベスの政治路線を敵視していることが分かる。ライヒ米国務次官補（当時）も〇二年六月、「チャベスがカストロの道を歩んでいることを懸念している」と述べている。

また、八〇年代のレーガン政権時代に作成された米国の中南米政策に関する文書は、天然資源の供給先としてベネズエラの重要性に言及している。ブッシュ政権は二〇〇一年、国家エネルギー政策を発表したが、その中で、「世界的な同盟強化」として、中南米ではベネズエラとメキシコに力点を置いた。米エネルギー省などの統計によれば、米国が〇五年に輸入した原油や石油製品の中で、ベネズエラ産の割合は第四位を占める。重要な原油輸入先と位置づけるベネズエラでの反米政権は、自国のエネルギー戦略に不透明な要素を投げかけ、容認できないのだ。

さらに、別の理由として、米国が麻薬供給国として目を光らせるコロンビアの左翼ゲリラ組織・コロンビア革命軍（ＦＡＲＣ）をチャベスが支援しているとの疑惑もあった。

確かに、チャベスの言動は、ほかの中南米諸国の国家元首に比べて反米色が際立っている。チャベスが米ホワイトハウスを訪問したのは、九八年の大統領選に当選後、就任前の外遊の時だけだ。〇三年一〇月、カラカスの国軍本部で爆発事件が発生したが、与党議員は直後、米中央情報局（ＣＩＡ）工作員と見られる男が、反チャベス派の首都圏警察官と協議しているビデオを公開した。米政府はこれに反論したが、ＣＩＡ主導による政権転覆を警戒するチャベス政権の姿勢が見て取れる。

チャベスは〇四年六月、テレビ番組「アロー・プレジデンテ」で、八月に予定される国民投票に触れ、「私が国民投票で闘うのは、ジョージ・ブッシュ（米大統領）だ。彼は、背後で反政府勢力を支援しているからだ」と牽制した。対米批判は米国の外交政策にも及び、〇一年の米国のアフガニスタン攻撃では、チャベスは、空爆で被害を受けたアフガンの子どもたちの写真を示しながら、「こんな犯罪を犯す権利がどこにあるのか」と強硬に批判したし、〇三年のイラク戦争では、「イラク国民に対する攻撃をやめよ」と繰り返した。〇四年三月、カリブ海のハイチでアリスティッド大統領が放逐された時には、「米国がアリスティッドを連行した」とまで断じた。〇五年八月には、米司法省麻薬取締局がベネズエラ国内でスパイ活動を行っているとの理由から、米国との麻薬対策協定を破棄することを宣言した。

虎の尾を踏まない対米戦略

それでは、チャベスの強硬な対米観の背景と狙いはどこにあるのか。

第一に、チャベスの政治思想に影響を与えたシモン・ボリバルの存在がある。ボリバルは一九世紀初頭、スペインを「帝国主義国家」と呼び、中南米諸国の独立を訴えたが、チャベスは、ボリバルの叫びを現代の国際情勢にあてはめた。二〇世紀初頭のセオドア・ルーズベルト米大統領の「こん棒外交」（注3）以来、米国が歴史的に中南米諸国を政治的、経済的に支配してきた点に注目し、現代の「帝国主義国家」である米国の影響力を排除することがボリバルの教えを実践することになると見ているのだ。チャベスは、先住民の血を引くだけに、〝抑圧者〟への敵対心を人一倍持ち合わせているとも言える。

第二に、政治を目指す原点ともなった社会的不平等が、民営化や規制緩和を柱とする米国流の新自由主義経済（ネオリベラリズム）によってもたらされたとの確信がある。米政府は九〇年代、八〇年代の債務危機から脱却する処方箋として、中南米諸国に金利や貿易の自由化を進める「ワシントン・コンセンサス」（注4）の実施を求めた。

この結果、マクロ経済指数は好転したが、各国で貧富の差が拡大したとの統計がある。チャベスは貧しい家庭で生まれ育ち、陸軍での同僚も地方の農村出身者ばかりだったが、ベネズエラ国内で目にしてきた貧困は、米国が〝押しつけた〟経済政策の結果と認識したのだ。この見方は、中南米地域で左翼や左派と呼ばれる政治家に共通する認識である。

第三に、国内政治の不満をそらす効果も指摘される。チャベスは、国内景気が低迷していた際、「帝国主義がベネズエラ経済を破壊している」「貧困はアメリカ流のネオリベラリズムによってもたらされる」などと発言、低迷の原因が米国にある点を強調している。特に、〇二年一二月から二カ月間続いたゼネストで、石油生産が落ち込み、あらゆる経済指標が悪化に転じると、米国がゼネストを背後で操っているとも糾弾した。

これは、社会主義政策が行き詰まり、物資が不足するキューバで、カストロ国家評議会議長が演説で米国批判を繰り返すことに似ていると言われる。確かに、ベネズエラ国内では、国内問題の一因として米国が介在しているとの意識は根強くある。大統領罷免を問う国民投票が迫った〇四年八月、チャベスが集会で、「国民投票は、（途上国を）植民地化してきた大国への挑戦だ」と声を張り上げたのも、国内の反米感情を巧みに取り込もうとした意識の裏返しとも言える。

だが、忘れてはならないのは、チャベスが実際の対米関係には極めて慎重であるという点だ。〇二年四月のクーデター未遂事件は米国が反政府勢力を支援したと言われているが、チャベスは事件後、チリの心理学者マルタ・アルネッカーとの会見で、「我々は米国との関係が複雑化しないように注意を払っている」と語っている。米政府が、ポスト・チャベスの政権樹立を念頭に、カラカスに「政権移行事務所」（民主主義制度の監視を目的に、米国がベネズエラ国内に設置を試みた機関。詳細は不明）を設置する方針と伝えられても、「注意深く、用心深く、静かに、忍耐を持って状況を見守ることだ」と慎重だった。

チャベスが公言するのは、ベネズエラの主権が脅かされなければ、各国政府や国際機関と対話の用意があるということだ。このため、米国についても、「ベネズエラは政治、経済、社会について変革の過程にあるが、米国がこれを支援したいのなら、私はそれを受け入れる」と語り、「我々は、対米関係の複雑化を望まない」と繰り返している。

その背景には、ベネズエラにとって、米国が最大の貿易相手国であり、原油の最大の輸出先という現実がある。ウルティマ・ノティシアス紙のヘスス・デュラン記者（政治担当）は〇四年八月、「米国はベネズエラの石油の主要な購買者であり続ける。チャベスは石油を中国、日本、ロシアに輸出することも可能だが、そのコストは膨大となる。しかも、ベネズエラの石油は重質で、米国での精錬に頼るしかない。ゆえに、ベネズエラは対米関係を放棄するわけにはいかない」と解説していた。

また、チャベス側近のペドロ・カレニョ国会議員も、「チャベスは反ブッシュではない。ただ、帝国主義に反対している。もし別の帝国がベネズエラの主権を脅かそうとしているなら、彼はそれに反対する」と語っている。前述したように、チャベスは、米国の「内政干渉」を理由に、対米石油輸出の停止をちらつかせる発言を行ったが、それを決行した際のベネズエラ経済への致命的な影響を考えると、この発言は現実的には米国への脅しに過ぎないであろう。

別の事情としては、中南米諸国に関与してきた米政権への警戒感もあろう。チリでは七〇年代、左派アジェンデ政権が、米系資本の支配する銅山を国有化したが、中央情報局（ＣＩＡ）は政権転覆に資金を供与、それがピノチェト陸軍司令官によるクーデターにつながったと言われる。こうした歴史を熟知するチャベスは、米国が超法規的な手段を用いかねないとの懸念を抱いているはずだ。

チャベス打倒には暗殺しかないとの議論も出ているが、チャベスは〇五年二月、「もし、私が暗殺されれば、その責任はブッシュにある」と述べ、暗殺計画に米国が関与している可能性に言及している。また、同年三月のテレビ番組「アロー・プレジデンテ」では、「米国との戦争を避けるため、非対称戦に備えよう。米国が攻撃したら、我々はゲリラ戦で闘う」と呼びかけ、予備兵司令部を創設し、国家防衛の任務にあたらせる方針まで表明した。さらに同じ月には、ロシア製軍事用ヘリ一〇機の購入契約を締結したほか、スペインのサパテロ首相の訪問を受け、スペイン製の軍事用輸送機と海上偵察機の購入契約も交わした。

しかし、チャベスの米国への「備え」は、逆に米国を刺激しているようだ。ライヒの後任のノリエガ国務次官補（西半球担当）は、「ブッシュ政権の懸念は、チャベスが中南米の反乱分子と関係を持ち、武器を購入しようとしていることだ」と表明した。

以上のチャベスの対米観を象徴する演説がある。チャベスは〇四年二月、カラカスで開かれた集会でこう語った。

「我々が今日、ここにいる目的は、ベネズエラでヤンキーの介入主義にＮＯと言うためだ。ブッシュ氏よ、あなたはここで、政治や経済の不安定化を策略し、主権を脅かし、ベネズエラの正当な政府を転覆しようとするクーデター首謀者を支援しているのだ。シモン・ボリバルはこの大陸で、北米の帝国主義が我々民衆に示した脅威に警告を発した初めての人だった。ボリバルは、『スペインが我々の独立を認めたというのに、それをまだ認めない北米は兄弟と呼べるのか』と言った。

我々は今、同じ脅威、同じ侵略、同じ歴史に直面している。そして、(シモン・ボリバル生誕の)二〇〇年後、我々はここで、北米の介入主義にNOと言うためにいる。彼らはホワイトハウスから、暗殺や虐殺やクーデターやテロを計画してきた。我々は侵入者でもなければ、暗殺者でもない。我々はガイアナ人(注5)、コロンビア人、カリブ海の人々、アルゼンチン人、ブラジル人、チリ人、ペルー人、ボリビア人と一体になるのだ。そのほかの選択肢はない。平和的な革命に栄光あれ。ボリバルの民衆に栄光あれ。国家の独立に栄光あれ」

米国抜きの南米共同体構想

チャベスの中南米外交の根幹は統合である。前述したように、ベネズエラをスペインの植民地から解放したシモン・ボリバルが、中南米諸国の統合を掲げたことに影響されたと言ってもよい。チャベスは二〇〇二年一月、ボリビア東部サンタクルスで行われたアンデス共同体(二四四ページ「注1」参照)の首脳会議で、「シモン・ボリバルが訴えた大南米共和国を実現しよう」と訴えた。チャベスにとって、アンデス諸国五カ国が加盟するアンデス共同体はその第一段階とも言える。

さらに、アンデス共同体が、ブラジルやアルゼンチンを盟主とする南米南部共同体（メルコスル、注６）と結合し、南米全域が統合されるというシナリオを描く。「アンデス共同体はメルコスル、南米諸国と一緒になる必要がある」（〇三年六月、コロンビア・リオネグロ市で開かれたアンデス共同体首脳会議）、「メルコスルとアンデス共同体は南米連合として結束するべきだ」（〇四年一二月、ブラジルで行われたメルコスル首脳会議）との発言は、その構想を語ったものだ。

チャベスは常々、統合を騎士と大砲の関係にたとえている。騎士を前面に押し出し、後方の大砲が前線に援護射撃する戦略である。この場合、騎士は政治であり、大砲は経済であり、双方を補完させる形で、統合を目指すのである。

しかし、チャベスは就任当初、近隣諸国の首脳から危険視されることも多かった。例えば、チャベスは二〇〇〇年、ボリビアを訪れた際、先住民運動の指導者、フェリペ・キスペと会談したと伝えられた。その数週間後、ボリビアで死者を出す反政府デモが発生、チャベス・キスペ会談はデモの準備との情報が流れ、バンセル大統領（当時）は、チャベスへの不信感を強めたと言われる。

エクアドルでは二〇〇〇年、マワ大統領退陣を求め、ルシオ・グティエレス陸軍大佐ら若手将校が反乱を起こしたが、チャベスがそれを支援したとの情報が広まった。マワの後任として、副大統領から昇格したノボア大統領は、チャベスの政治手法に対する懸念を表明した。チャベスは〇二年当初、自身の訴えに共鳴する指導者は、「キューバのカストロ国家評議会議長だけだ」と述べている。

ところが、その後、中南米諸国の政治情勢は変化を遂げる。ブラジルでは、かつて労組運動の闘士だった労働者党のルイス・イナシオ・ルラ・ダシルバが、〇二年一〇月の大統領選に当選、アルゼンチンでは人権運動の活動家だった正義党のネストル・キルチネルが〇三年の大統領選に当選した。ウルグアイでは〇四年一〇月、左派連合「進歩会議・拡大戦線・新多数派」のタバレ・バスケスが大統領選に当選、〇五年一二月に行われたボリビア大統領選では、コカ栽培の合法化を訴える先住民指導者のエボ・モラレスが当選した。

中南米で相次ぐ左派政権の誕生を受け、チャベスは統合の枠組みとして、「米州ボリバル代替統合構想（ALBA）」を提示していく。ALBAは、中南米諸国が経済的な結びつきを強め、将来的には、欧州連合（EU）に匹敵する共通の政治・外交政策を実現させようとする構想だ。

チャベスは〇三年九月、キューバを訪問し、「世界の貧困問題を解決するには、途上国は団結しなければならない。そのために、ALBAを提案する」と表明した。さらに、〇四年一二月、ボリバル国民会議を開催、中南米諸国の左派勢力の政治家や市民団体を招待し、ALBAの構想を訴え、途上国の連帯を図ることを強調した。〇五年八月には、国際的な学生会議を主催し、ボリビアの先住民運動指導者、エボ・モラレス（後に大統領）を招き、〇五年一〇月にスペインで行われたイベロアメリカサミット（注7）でも、ALBAの目標の一つとして、域内で医療を充実させ、識字率を一〇〇パーセントにする計画を提唱した。

チャベスがALBA実現の触媒と位置づけているのが、資源補完の戦略である。チャベスがよく挙げる例は、隣国コロンビアとの関係だ。ベネズエラはアルミニウムを生産し、欧州や米国に輸出し、コロンビアは、アルミニウムを輸入しているが、この関係を二国間で行えば、「実利のある合意が実現する」（チャベス）というわけだ。

また、チャベスは、南米の石油会社の連携にも注目し、「米州石油（ペトロアメリカ、注８）」の創設を訴える。中南米ではアンデス諸国を中心に天然資源に恵まれた国々が多く、チャベスは「我々がペトロアメリカを形成しない手はない。それは、米州における石油輸出国機構なのだ」と断じ、「米州石油」発足のための委員会創設を提言している。チャベスはこの構想実現のため、二国間関係の強化に動いている。

〇五年一～二月、アルゼンチンを訪問、キルチネル大統領との間で、国営ベネズエラ石油（ＰＤＶＳＡ）とアルゼンチン国営エネルギー会社が協力していく方針を確認。九月にブラジリアで開かれた南米共同体首脳会合では、エネルギーの相互供給など政治・経済分野の統合の必要性を強調した。一一月、今度はキルチネルがベネズエラを訪れ、ベネズエラからアルゼンチンまでガスのパイプライン敷設を柱とする「オリノコ宣言」に合意、署名した。

さらに、ブラジルのルラ・ダシルバ大統領が〇五年二月にベネズエラを訪問、チャベスはベネズエラとブラジルの企業家の会合で、「南米統合は企業家の皆さんにかかっている」と述べ、鉱業や貿易、石油やエネルギー分野の協力を優先させる考えを強調した。

一月、チャベスはボリビア大統領に当選したエボ・モラレスを招き、ボリビアに月一五万バレルのディーゼル油を供給する代わりに、ボリビアの農産物を輸入することで合意した。合意を発表する会見場には、ペルーの大統領候補で、資源国有化を訴えるオジャンタ・ウマラ氏も招待した。ちなみに、〇六年四月に行われたペルー大統領選では、チャベスはウマラへの支持を鮮明にし、ペルー政府が米州機構（ＯＡＳ）常設理事会で「チャベスによる内政干渉」を非難する事態にもなった。

一月下旬、ボリビアの政庁所在地・ラパスで開かれた大統領就任式で、チャベスはモラレスとの間で、「ラパス宣言」に署名、ベネズエラ産の原油やディーゼル油が月二〇万バレルを上限にボリビアに輸出されることになった。宣言には、「ラテンアメリカは変化の過程にある」と明記された。

〇五年三月、チャベスはウルグアイのバスケス大統領の就任式に出席、ベネズエラがウルグアイに対し、日量四万四〇〇〇バレルの原油や液化ガスを供与するとのエネルギー協定に署名し、「ベネズエラは過去一〇〇年間、北に輸出してきたばかりだったが、これからは南にも輸出する」と述べた。〇六年に入り、バスケスが初めてベネズエラを訪問した際も、国営ベネズエラ石油（ＰＤＶＳＡ）がウルグアイ石油公社の子会社を買収する案件に合意。チャベスは、メルコスル加盟のウルグアイでＰＤＶＳＡの支店開設を発表し、パラグアイにもガス供給を約束した。

チャベスは〇六年四月、ブラジルのルラ大統領やアルゼンチンのキルチネル大統領とともに、三カ国を結ぶガス・パイプラインの建設計画に合意。ベネズエラは七月、メルコスルの正式メンバーとなった。チャベスは、こうした経済関係の積み重ねが、中南米統合のうねりになると読んでおり、国同士を結びつけているのが資源という考えだ。

もちろん、この統合には米国は含まれない。このため、米国が提唱する、キューバを除く米州の自由貿易圏構想（FTAA、二四四ページ「注2」参照）には、常に否定的なメッセージを発している。〇一年四月、カナダのケベックで開かれたFTAA首脳会議は、〇五年一月までに交渉終了、〇五年末までの発効を決めたが、チャベスは「FTAAの発効期日には国会や国民投票の承認が必要。時間的に早すぎる」と批判的だった。

チャベスはこれまでも、国際会議のたびに、FTAAを批判してきた。例えば、〇三年五月、ペルーのクスコで開かれたリオ・グループ首脳会議（一六五ページ「注3」参照）では、「中南米は天然資源に恵まれており、ほかの地域に依存する必要性はない。FTAAは中南米を富ませない」と主張。〇四年七月、アンデス共同体（二四四ページ「注1」参照）の首脳会議に出席した際には、「アメリカと自由貿易協定を結ぶことで、この地域を帝国主義の犠牲としたいのか。現在の統合はネオリベラリズムであり、貧困問題や社会的不平等を解決しない」と訴えた。

こうしたチャベスの姿勢を象徴的に示したのが、アルゼンチンの市民集会を放映したテレビ中継だった。チャベスは〇五年一一月、アルゼンチンの保養地マルデルプラタで開かれた米州サミット（注9）に出席した際、各国元首の中でただ一人、四万人規模の集会に参加、聴衆を前に、「FTAAはくそだ」と雄叫びを上げたのだ。チャベスにとって、米国が絡む統合は中南米諸国に実利をもたらさないとの基本認識がある。

〇六年五月には、ボリビアのモラレス大統領が、南米二位の埋蔵量を持つ天然ガスの国有化を宣言した。チャベスら左派指導者が掲げる「資源ナショナリズム」は、米系資本への強烈な打撃となり、これが今後、中南米諸国で広がりを見せないとも限らない。チャベスはチリの心理学者マルタ・アルネッカーとの会見で、ＦＴＡＡについて、「別の道が何なのかを考えなくてはならない。おそらく、ボリバルがそれを助けてくれると思う」と語っている。ＦＴＡＡの代替は、「帝国主義国家・米国」が介在しない「米州ボリバル代替統合構想（ＡＬＢＡ）」なのだ。

キューバ・カストロ議長との蜜月関係

チャベスの中南米政策の中で、特筆すべきはキューバ関係だろう。ベネズエラは以前、米国に配慮して一滴の石油もキューバに輸出しなかったが、チャベスの大統領就任後は、安価な石油がキューバに渡り、政治や社会分野でも同盟に近い関係が継続している。その背景には、チャベスが「兄」として敬愛するカストロ国家評議会議長の存在が大きい。両国関係は、二人の人間的なつながり抜きには語れない。

最初は九四年一二月にさかのぼる。チャベスはジャレ兵舎を出所した後、キューバに初めて招かれた。チャベスは当時、ペレス政権に対する九二年のクーデターの責任を認めたことで、貧困層から熱狂的な人気を得ていたが、ベネズエラ政界ではまだ異色の存在に過ぎなかった。しかし、カストロはこのチャベスを国賓級の扱いで迎え、自ら空港に出迎え、首都ハバナの大学で演説する際、

キューバ・カストロ議長との会見（写真提供／Agencia Bolivariana de Noticias-ABN）

首脳同士のように肩を並べたのだ。出所後の「チャベス外交」が必ずしも成果を挙げなかったことは第二章で前述したが、チャベスは相当心を打たれたらしい。チャベスは演説で以下のように述べている。

「私は今回の初訪問に感激している。フィデル・カストロ議長が私に与えてくださった名誉に心から感謝する。昨晩は、ホセ・マルティ国際空港で、予想以上に盛大に歓迎された。私は、『私はこのような歓迎に値しない』と言ったが、議長から『これから数カ月か数年のうちに、この歓迎に値することになるでしょう』と言われた」

実際、その五年後にチャベスは大統領となった。カストロの人を見る目は凡人のそれではないのかもしれない。以後、カストロは折に触れて、「暗殺に気をつけなさい」「国内移動はできるだけ陸路で」とチャベスにアドバイスを送り続けた。米政府による暗殺計画をくぐり抜け、同志が飛行機墜落で死亡した体験から生まれた忠告を、チャベスは重みを持って受け止めた。

二人が親近感を抱くのは、お互いの共通点を感じ取っているためだろう。カストロが米系資本に搾取されるキューバ人農民の窮状を「革命」の動機の一つとしたように、チャベスも、石油収入が一部に集中し、国民の半数以上が貧困状態という現状に「革命」の必要を感じた。

カストロが当初、バチスタ政権への蜂起に失敗し、拘束されたように、チャベスも、ペレス政権に対するクーデターに失敗し、投獄された。また、カストロが、独立戦争の英雄、ホセ・マルティ(注10)を敬愛するように、チャベスはシモン・ボリバルを尊敬している。

さらに、チャベスはキューバ革命の英雄でカストロの盟友だったチェ・ゲバラにあこがれ、ゲバラの死から四五年がたった〇二年一〇月、大統領官邸で記者会見し、「今日は特別な日だ。エルネスト・ゲバラ、万歳!」と叫んでいる。

この両者の関係を土台に、ベネズエラ・キューバ関係は以下のように築かれていく。カストロは二〇〇〇年一〇月、ベネズエラを公式訪問し、二国間の包括協力協定に署名した。その内容は、ベネズエラが日量五万三〇〇〇バレルの原油・石油製品をキューバに供給する代わり、キューバが教育・医療・スポーツなどの分野で財やサービスを提供するものだった。ベネズエラの国家資源をキューバの人的資源と〝物々交換〟する内容で、反政府勢力からは「片務的内容だ」と批判された。カストロが国会で演説し、「ボリバル革命」への支持を表明し、チャベスの生まれ故郷であるサバネタも訪れ、二人の親密ぶりをアピールしている。この協定は有効期間が終了した〇五年一〇月、自動的に五年間の延長となった。

〇二年四月のクーデター未遂事件の際、「カルモナ新政権」はキューバへの原油供給停止を発表したが、チャベスは大統領放逐から二日後に復帰すると、キューバ関係の正常化を表明した。それを深化させるため、〇三年五月、キューバとの間で、保健、農業などの分野で二九項目にわたる合意文書に署名し、二〇〇〇年の協定を確実にした。

〇三年に入ると、チャベスは七月、バリオ・アデントロ計画（社会開発計画）の医療分野で、キューバ人医師約三〇〇〇人を受け入れることを表明。九月には、キューバを訪問し、「世界の貧困問題を解決するには、途上国は団結しなければならない」と訴えた。そして、この年一二月には、カストロは〇一年八月以来のベネズエラ訪問でチャベスと会談した。

〇四年一一月、チャベスはキューバを訪問、転倒して車いすに乗るカストロ議長を見舞い、翌一二月、再びキューバを訪れ、「ベネズエラの革命はキューバと同じ道を歩んでいる。この革命は必ず勝利する」と述べた。この時、チャベスのキューバ訪問は九四年以来一一回となった。

〇六年四月には、チャベスは、ボリビアのエボ・モラレス大統領とともにキューバを訪問、ボリビアに対する石油供給の拡大を表明し、カストロを大いに喜ばせた。チャベスは毎週日曜日、テレビ番組「アロー・プレジデンテ」のパーソナリティーを務めているが、キューバから中継で放送した時もあったほどだ。

一方で、二人の親密ぶりが、反政府勢力の政権攻撃の材料となったことは事実だ。例えば、有力紙『エル・ウニベルサル』は〇三年一一月、野党議員の情報として、キューバ人の入国者が一カ月で一万人を上回り、入国後にベネズエラのパスポートが渡された、と報じたが、チャベスがベネズエラを〝キューバ化〟するとの報道は、チャベスに対する危機感を植えつけるのに役立ち、政情不安の一因ともなった。

しかし、チャベスはこの「戦略」を意に介さない。チャベスは一九五九年のキューバ革命後、カラカスを訪れたカストロをベネズエラ国民が熱狂的に迎えたことを挙げ、大多数の国民がカストロに親近感を抱いており、反政府勢力のプロパガンダは限定的と見ているためだ。

第三世界の結束はかる外交

チャベスの外交は、中南米だけでなく世界的に展開されている。最初は、二〇〇〇年八月のイラク訪問だった。この月、チャベスは石油輸出国機構（ＯＰＥＣ）議長国元首として、リビアなどＯＰＥＣ加盟国を歴訪。その過程で、チャベスはイランからイラク入りし、首都バグダッドでフセイン大統領と会談した。一九九一年の湾岸戦争後、外国の国家元首がイラクを訪れたのは初めてだった。フセインの運転する高級車の助手席に乗ったチャベスの笑顔は世界中に配信された。

この訪問で、チャベスはイラクとの間で、石油価格を安定させ、両国で文化交流を図ることで合意した。もちろん、この訪問が米国への強烈な当てつけであったことは疑う余地がないが、チャベスは「ベネズエラに対する内政干渉は許されない」と言明している。

ベネズエラは〇二年一月、発展途上国七七カ国グループ（G77、注11）の議長国となったが、チャベスは「ネオリベラリズムは極端な民営化を進め、市場が世界を支配している」と批判、新自由主義経済に対抗する形で途上国の連携を呼びかけた。また、〇四年二月には、発展途上国一五カ国グループ（G15、一六五ページ「注7」参照）の首脳会議がカラカスで開かれ、イランのハタミ大統領やジンバブエのムカベ大統領らが出席した。チャベスは会議の席上、「ネオリベラリズムは先進国が作ったもので、途上国に押しつけられている。先進国は、ネオリベラリズムの未達成が、途上国の混乱の根源と訴えるが、それは自殺を薦めているようなものだ」と痛烈に批判した。中南米統合の原動力となる理論を、中南米以外の地域にも広げようとする試みだ。

地域別に外交を見ると、左派政権や反米の度合いに応じた関係構築が目立つ。例えば、チャベスが〇四年一一月の外遊で訪れた国は、スペイン、リビア、ロシア、イランだった。

スペインでは、〇四年三月の総選挙で、中道左派の社会労働党が勝利し、サパテロ政権が発足、米国と協調したアスナール前政権の方針を転換し、イラクからの派遣軍の撤収を決めた。チャベスはサパテロ首相との間で、中南米の教育分野で二国間基金を創設することなどで合意した。

米国が最近まで「テロ支援国家」の烙印を押してきたリビアでは、カダフィ大佐と会談、「我々の考えは大佐と同じだ。イラクでは帝国主義者の侵略が行われたが、両国が団結する時だ」と述べ、米国のイラク政策に改めて反発した。

さらに、チャベスはロシアを訪問、プーチン大統領と会談し、ベネズエラがロシアからＡＫ―１０３、１０４の銃一〇万丁を購入する計画について協議し、後に購入契約が結ばれた。さらにチャベスは、核開発疑惑で揺れるイランも訪問、ハタミ大統領やラフサンジャニ最高評議会議長（ともに当時）らと会談、通信分野での協力を進めることで合意した。

〇五年三月もチャベス外交を象徴した月だった。まず、インドを訪れ、シン首相らと会談し、ベネズエラの石油・ガス田への共同開発など七つの協定・覚書に署名した。さらに、チャベスはカタールを経てフランスに入り、「シラク大統領とは同盟関係にある」と持ち上げた。一方、イランのハタミ大統領は三月中旬、ベネズエラを訪問し、両国間の銀行の融資協定など一八の協定・覚書を結んだ。チャベスはその際、「イランには核開発を行う権限がある」としたうえで、「米政府はイランを脅しているが、イラン革命は進んでいる」とイランとの共同歩調を表明した。さらに、三月下旬には、スペインのサパテロ首相がベネズエラを訪れ、「南米統合の道を形成することが重要だ」などと発言、米国抜きの地域統合への理解を示した。

二カ月後の五月、チャベスはブラジルで開かれた南米・アラブ首脳会議に出席、米国を念頭に置いた「帝国主義」に対し、両地域の連携を呼びかけている。また、〇六年五月にはアルジェリア、リビアを訪れており、いずれも反米を軸に途上国の結束を図る姿勢を鮮明に打ち出している。

チャベス外交は時に、南米から遠いアジア地域まで及んでいる。中でも、目立つのが対中関係だ。

中国の江沢民国家主席（当時）は〇一年四月、南米六カ国歴訪の過程で、中国の国家元首として初めてベネズエラを訪問した。江主席とともに、シモン・ボリバルを祀る国立霊廟を訪れたチャベスは、国連人権委員会が取り上げていた中国への非難決議に反対する意向を表明。江主席も、チャベスとの首脳会談後、南米歴訪の中でベネズエラ訪問が「最も有意義だった」と返した。そして、オリノコ超重質油（注12）を年間一二〇〇万～一五〇〇万トン（二〇〇一～〇三年）、中国に供給することなどを盛り込んだ協定に署名した。

チャベスは〇四年一二月、中国を訪問、ベネズエラ鉱業省が中国系企業との間でスマノ油田の共同開発を協力することなどで一致した。その際、胡錦涛国家主席と会談、エネルギーや鉱業分野での協力関係の文書に署名し、胡主席を「盟友」と持ち上げた。翌〇五年一月には、中国から曾慶紅・国家副主席がベネズエラを訪れ、オリノコ超重質油開発計画を行う作業委員会の設置などで合意、八月には北京に国営ベネズエラ石油（ＰＤＶＳＡ）の支社が開設されている。

大統領が一人で仕切るテレビ番組

無名の軍人だったチャベスが、国民的な英雄となったのは、テレビでの発言がきっかけだった。一九九二年二月のクーデターに失敗、投降の条件として、チャベスはテレビで、クーデター失敗の全責任を引き受けることを宣言したのだ。以来、チャベスの人生は一変した。チャベスを大統領に押し上げたのは、民衆の支持であり、その民衆に影響を与えたのがメディアである。だからこそ、チャベスは九九年の大統領就任後、政権維持の重要戦略の一つとして、メディアを通じた民衆へのアピールを打ち出すことになる。

当初、「大統領の手紙」と呼ばれる新聞を製作したが、「分配方法に問題があった」(チャベス)ため、延べ二万部を発行した後、数カ月で廃刊となった。次に、「大統領とともに」というテレビ番組を開始した。毎週木曜日の夜に放映したが、視聴率が悪かった。

これに代わったのが、毎週日曜日のラジオ番組「アロー・プレジデンテ(こんにちは、大統領)」だった。午前九時から五時間(!)、チャベスが視聴者からの質問に答える内容だった。チャベスは番組の中で、「こんにちは、今日は雨が降っています。そちらでも、雨が降っていますか」という調子で語りかけた。ところが、支持者がチャベスに手紙を渡すため放送現場まで出向き、警備の収拾がつかなくなったため、放送場所を大統領官邸内の小さなスタジオに移した。しかし、「そこでは民衆の熱気がない」(チャベス)。このため、チャベスは、全国を回って放送を行う方式を思いついた。また、リスナーがラジオ番組に電話する費用を減らすため、テレビ番組に切り替えることになった。

これが現在の「アロー・プレジデンテ」が誕生した経緯だ。チャベスは多くの国民が休日でくつろぐ日曜日、閣僚やジャーナリストを同行させ、全国各地に飛ぶ。屋外に即席のテレビスタジオを設置し、テレビカメラの前に設置された机の前に腰を下ろす。チャベスの前には、閣僚、政府高官、州政府幹部、ジャーナリスト、招待された地元市民らがラフな格好で座っている。

番組は通常、冒頭で、国民生活に関連したビデオが放映される。チャベスがビデオの内容についてコメント、会場に招待された民衆からの質問も受け、政策や緊急の課題を説明していく。また、「暗いニュース」が集中するのを避けるため、「明るいニュース」というコーナーが設けられたこともある。番組は五〜七時間の長時間にわたる。チャベスは司会兼コメンテーターである。チャベスが、一方的に話しまくることが多くなり、一部からは長すぎるとの批判も寄せられた。筆者も何度か見たが、延々と続くチャベスの独壇場に最後までつき合いきれず、チャンネルを回してしまった。

チャベスは、娘から、「パパ、いつまで続くの？　私が起きて、シャワーを浴びて、友達と買い物に出掛け、それから家に戻って、またシャワーを浴びたのに、パパはまだテレビに出ている。パパは疲れないの？」と言われたというエピソードも披露している。しかし、チャベスは、「私がそれ（長時間番組）を望んでいるからだ。時間を減らそうとはしたが、どうしても長くなってしまう。話すことで、民衆とつながっている気がするのだ」と打ち明ける。日曜日に外遊の日程がある場合、事前に番組を収録したり、時にはドミニカ共和国やグアテマラから生放送を行うこともあった。チャベスの言う「メディアにおける戦い」である。

賛否両論のメディア戦略

しかし、チャベス政権が長期化するにつれ、既存のメディアの反政府批判は高まっていく。その背景には、政府がメディアの独立を脅かす存在になっているとの危機感がある。そもそも、国営放送が、大統領の政策・主張を紹介する番組を延々と放映することで中立性が問われている。チャベスは、「アロー・プレジデンテ」の中で、政府批判を行った特定の記者の名前を挙げ、「反社会的なメディア」や「愛国心のない反革命分子」と糾弾した。

チャベスは〇二年一月、支持者に対し、反対派メディアの「独裁」を打倒するよう呼びかけた。実際、大統領支持者約一三〇人は、エル・ナショナル紙が一月六日付で、「チャベスがカラカスの貧困地区で演説する際、〝何千人もの〟カセロラ（鍋たたきデモ）が抗議行動をした」と伝えた内容に誇張があるとして、同紙社屋前で猛然と抗議行動を行った。この件では、一月八日、米国務省のバウチャー報道官が、「大統領支持者のマスコミに対する脅迫的行動に憂慮する」と異例の発言を行い、ベネズエラ記者協会も、表現の自由が危機に瀕しているとの声明を発表した。

その後、チャベス支持者が反対派メディアに勤める記者に肉体的な危害を加えたとする訴えが相次ぐことになる。「ジャーナリスト保護委員会（ＣＰＪ）」のサウロ・ゴンサレス・ロドリゲス研究員は〇二年八月、ベネズエラの記者活動について記した論文「砲弾のえじき」を執筆した。論文では、身体的な危険を理由に、編集長からチャベス支持者のイベントを取材しないように指示を受けた記者の体験談が克明に記されている。

メディアが強硬な政府批判を続ける理由として、ベネズエラ特有の権力とメディアの歴史的関係を指摘する声もある。ベネズエラでは九二年、五つの主要なメディアが検閲を受け、発行停止となった。〇二年までの一〇年間で、三四人の記者が襲撃を受け、その大半が、カルロス・アンドレス・ペレス（一九八九〜九三年）とラファエル・カルデラ（九四〜九九年）の時代だったという。チャベスはそれを念頭に置いてか、九八年大統領選の選挙期間中、同行した記者団に対し、「私は、この『革命』に反対するメディアに反対したり、メディアから何かを奪ったりしない。私はメディアには言いたいことを言ってもらいたいが、それは私自身が何も言わないことを意味しない」と語っている。メディアの論評を無条件に受け入れないチャベスの決意が隠されているとも言える。

政府とメディアの対立が沸騰点に達したのが、〇二年四月のクーデター未遂事件だった。この事件は、「メディア・クーデター」とも呼ばれる。前述したように、チャベスが、「アロー・プレジデンテ」で、国営ベネズエラ石油（ＰＤＶＳＡ）幹部の解雇を一方的に発表、反政府勢力を一気に硬化させた。この時期、国営放送以外の民放テレビは連日、反政府勢力のデモを生中継で報じ、チャベスが、国営テレビ・ラジオ放送（カデナ）を行う際も、規制に反し、テレビ画面を二分割して、デモのようすを放映し続けた（一二六ページ参照）。

特に、こうした報道姿勢を象徴的に示したのは、大統領官邸に近いジャグノ橋からチャベス支持者が発砲する映像を繰り返し流したことだった。その後の調査で、チャベス支持者が最初に発砲を受け、橋からこれに応戦していたとの証言も出たが、事件発生直後のテレビは、発砲するチャベス支持者と、銃撃を受けた市民の流血を交互に報道し、国民の反チャベス感情をかき立てる役割を果たした。事実、このテレビ映像をきっかけに、軍幹部は相次いで大統領への不服従を表明、クーデターは加速していく。

真偽は不明だが、反対派テレビ局「ベネビジョン」の支配人で、中南米有数の資産家であるグスタボ・シスネロスが、クーデター発生時、自身の事務所に「カルモナ暫定大統領」を招いたとの情報がある。また、テレビ局「グロボビジョン」の幹部は、米CNNのアトランタ本社に電話し、「新政権」について、否定的な報道を行わないよう要請したとも伝えられた。反対派有力紙『エル・ナショナル』と『エル・ウニベルサル』は、チャベスが復帰した後、チャベス支持者からの襲撃を恐れ、新聞を発行しなかった。クーデター未遂事件について、メディアが与えた影響の度合いがうかがい知れる。

クーデターを乗り切ったチャベスは、メディア戦略の必要性を再確認したようだ。チャベスは事件後、バリナス州知事の父親から、「ウゴ、我々は昨日、五〇台のトラクターを農民に引き渡した」との連絡を受け、「ビデオに撮ったの?」と聞き返したことを引き合いに出し、政府の「実績」を民衆に理解してもらう方針を明確にしている。

その具体策として、政府は〇二年八月、通信情報省の新設を決め、初代大臣にラジオ局社長のウリベを起用した。〇三年五月には、治安悪化を誘発する番組を放映した場合、罰金や放送停止などの処分を可能とする「テレビとラジオの社会的責任に関する法案」が、国会の科学・技術・通信委員会で可決され、報道機関はメディア統制の傾向に不安を募らせている。

チャベスのメディア戦略や、既成メディアに対する姿勢には賛否両論がある。シモン・ボリバル大のアニバル・ロメロ教授（政治学）は、「チャベス大統領は、政府批判のメディアを陰謀者とみなし、大きな『革命』への障害と考えている。チャベスには民主的な思考が欠如しているため、メディアの独立という役割を認識できないのだ。メディアは社会の一部であり、ベネズエラの民主主義が危機に瀕している中で、事態を傍観することは道徳的に許されない」と指摘している。

米国務省が発表した二〇〇五年の報告書でも、ベネズエラは報道の自由が侵害されている国に位置づけられている。これに対し、政府系ラジオ「YVKE　ムンディアル」代表のクリスティナ・ゴンサレスは、「チャベス大統領は、言うべき時に発言する大統領だ。大企業が所有するメディアは、こういう性格を持つ統治者に慣れていないため、独裁者、権威主義者などと批判するのだ」と反論している。

メディア戦略は国外にも広がる。〇五年七月、中南米専門の二四時間テレビ「テレスール」が放送を開始した。テレスールは、米CNNテレビに対抗し、中南米独自の視点でニュースを伝えることが狙いだ。これにブラジル、アルゼンチン、キューバ、ウルグアイが協力し、カラカスからニュースを発信する。開局日となった二四日は、シモン・ボリバルの誕生日にあたる。チャベスは、カラカスで開かれた開局式典で演説し、「ボリバルの理想はテレスールを通じて生きる」と言明した。

民衆の「空腹」が「革命」前進の原動力

チャベスが目指すのは、「革命」である。一九九二年二月のクーデターが失敗に終わった後、選挙を通じて政権を獲得、九九年の就任後、「革命」の実現を図る。それは何を意味しているのか。チャベスは、チリの心理学者マルタ・アルネッカーとのインタビューで、アフリカ大陸のある指導者の言葉「革命の役割とは、集団の良心を呼び覚ますことだ」を挙げている。「集団の良心」を喚起すれば、民衆の「参加」への情熱が生まれる。

チャベスが繰り返す「参加型民主主義」の核となるのが、二〇〇〇年に制定された新憲法だ。チャベスは、「二〇〇年に及ぶベネズエラの歴史の中で、民衆がこれほど憲法に接近したことはなかった」と述べている。この憲法の「大河」から、教育・医療改革、さらに土地法、漁業法、炭化水素法、マイクロファイナンス法、銀行法といった「支流」が生まれたと見る。これまで疎外されてきた民衆が、制憲の議論に加わり、その結果として誕生した法律だから、「法律に守られた農民が、そこから離れるだろうか。彼らはそのために戦うに違いない」と結論づける。政党についても、「革命の過程に順応したものでなければならない」と述べている。

チャベスが、手探りだった「革命」の道に確信を抱いたのは、九二年のクーデター未遂事件だった。チャベスは投降後、民衆の支持を目の当たりにして、「民衆の空腹こそが革命を進めていく。空腹に革命がある」と語っている。チャベスによれば、この「空腹」こそが「参加」への推進力となり、「革命」が可能になるとの思想だ。こうした民衆の「空腹」に根拠を置く思想は、実はシモン・ボリバルが、スペインからの独立戦争で繰り返した訴えと同様のものだった。だからこそ、チャベスにとって、「革命」とは「ボリバル革命」でもあるのだ。

チャベスの「革命」は、さまざまな段階に分かれる。チャベスが就任後、まず手をつけたのが、「政治・司法構造」における革命だった。具体的には、行政、立法、司法の三権を指す。チャベスは「憲法を変えれば、司法構造や政治構造は二年で生まれ変わる」と豪語している。実際、チャベスの新憲法制定後、それまで反政府勢力の影響下にあった立法府と裁判所の構成員が、チャベス派によって占められていく。

一方、チャベスは「社会・経済構造を見ると、我々は少ししか前進していない」と打ち明けている。チャベスの言う「社会・経済構造」とは、貧富の格差是正と富の分散にほかならない。チャベスはこの構造を生み出す資本主義経済について、「人間的ではない」と断じているが、かといって、かつての左翼政権のように、資本家階級を敵視し、財産を没収する手法については、「我々の戦略とは別だ」と否定している。

チャベスは、「政治・司法構造」に比べ、「社会・経済構造」における革命が何年もかかると考えているが、長期的には「政治とは、今日不可能なことを明日は可能にする芸術なのだ」と極めて楽観視している。チャベスとしては、国民に対する医療と教育が、前政権に比べて充実していることに、小さな変革を読み取っているのかもしれない。

(注1) アンデス共同体＝コロンビア、エクアドル、ベネズエラ、ペルー、ボリビアのアンデス地域五カ国で構成される関税同盟。

(注2) 米州自由貿易圏(FTAA)＝キューバを除く南北米大陸・カリブ海の三四カ国が、関税と規制を撤廃して貿易と投資を促す市場の創設を目指す構想。一九九〇年にブッシュ米大統領が提唱し、二〇〇一年の米州首脳会議で〇五年末までの発効が決まった。実現すれば、世界最大の共同市場となる予定だったが、ブラジルやベネズエラが反対、期限内に発足しなかった。

(注3) セオドア・ルーズベルト米大統領の「こん棒外交」＝共和党のルーズベルト大統領が一九〇四年、中南米諸国の外債未払いを念頭に、「(非文明国の)罪に対する警察権の行使」を宣言。以後、政情不安などを理由にハイチやドミニカ共和国などに侵攻、軍事力を背景に米国寄りの政策を促した。

(注4) ワシントン・コンセンサス＝一九八九年のベルリンの壁崩壊後、米ワシントンのシンクタンクが国際経済秩序を維持するためにまとめた合意(コンセンサス)。具体的には、投資の自由化、規制緩和、民営化など一〇項目を指す。米政府は九〇年代、このコンセンサスの履行を他国に求めた。

(注5) ガイアナ＝ベネズエラの東に隣接する共和国。英国の植民地だったが、一九六六年に英連邦の中で独立。人口は七〇万人余で首都はジョージタウン。インド系とアフリカ系の二大勢力の対立が深刻で、時に政治・社会問題に発展している。ベネズエラとの間で国境紛争を抱えている。

(注6) 南米南部共同体(メルコスル)＝一九九五年、ブラジル、アルゼンチン、ウルグアイ、

パラグアイの南米四カ国で発足。域内の関税撤廃と貿易自由化を掲げ、将来的には南米大陸の市場統合を目指す。

（注７）イベロアメリカサミット＝中南米諸国と旧宗主国のスペイン、ポルトガルの計二一カ国の首脳が集まる会議。政治、経済、社会など幅広いテーマを討議する。

（注８）米州石油（ペトロアメリカ）＝中南米のエネルギー統合を促進する組織で、チャベスが設立を提唱した。原油や天然ガスの生産や販売を加盟国が共同で行い、効率的な資源利用を図ることが狙い。

（注９）米州サミット＝キューバを除く南北米大陸とカリブ海諸国の首脳が集まる会議。一九八九年にコスタリカで始まり、その後、五年をめどに開かれている。

（注10）ホセ・マルティ＝キューバのスペインからの独立運動指導者。一八五三年にハバナで生まれ、独立運動に加わり、亡命を繰り返した。優れた詩人としても知られる。一八九五年に戦死。

（注11）発展途上国七七カ国グループ（Ｇ77）＝途上国の発展と連携を目指し、国連加盟国の枠内で一九六四年に設立された組織。加盟は七七カ国。

（注12）オリノコ超重質油＝オリノコ川流域で産出される油。粘性が強く、燃焼させると環境汚染の影響が大きく、利用が進んでいない。重油のような液体燃料に変える技術が確立されれば、石油の採掘年数は飛躍的に伸びると言われる。

おわりに

チャベスの母親エレナは、筆者の前で二度涙を流した。バリナス州庁舎で息子との思い出を語った時の出来事だ。最初は、一九九二年二月のクーデター失敗後に収監されたチャベスを訪ねた思い出を語った時。二度目は、二〇〇二年四月のクーデター未遂事件で、大統領官邸から軍に連行されるチャベスと抱き合った場面を振り返った時だった。

「クーデターを起こしたのが私の子どもだなんて。気が動転して呆然としました。そして、息子を見た時、涙があふれ出しました」（九二年）

「息子が（官邸から）出る直前、私は体中が凍りつきました。体中が震えていました。それは、最悪、最悪の状況だったのです」（〇二年）

ハンカチで拭っても拭っても、涙はあふれ出て止まらなかった。時が流れても、地獄のどん底に突き落とされた体験は脳裏に深く刻まれて、今なお鮮明だったのかもしれない。筆者は、その号泣に戸惑い、かける言葉を失っていた。

確かに、これだけ壮絶な権力闘争を繰り広げてきた国家元首は珍しい。クーデターを起こしたが、失敗して投獄され、出獄後に選挙運動を展開して大統領選に当選。その後、「革命」を掲げて、左翼的な政策を次々に実行し、一時はクーデターで放逐されるが、二日間で復帰した。さらに、石油公社の掌握などの政策を進め、左派と右派、貧困層と富裕層、新政党と既成政党という国内の分断を生み出すが、ゼネストや罷免国民投票といった反対派の政権打倒運動を切り抜けていく。大統領の母の涙は、チャベスの壮絶な政治経歴を象徴的に物語っていたとも言える。

国内の分断はおそらく、チャベスの人物像にも関係している。〇二年八月、チャベスは、ボリビアの政府所在地ラパスで、筆者との会見に応じた。会見場所のホテルのスイートルームに入ると、同行していた広報担当者や警備担当者の一人ひとりに対し、「疲れていないか」「ボリビアは気に入ったか」とねぎらいの言葉をかけていた。部屋に掲げられたシモン・ボリバルの肖像画を見て、「よくここまで持って来てくれた」と周囲を和ませていた。側近がよく口にする「気配り」の一面を垣間見た気がした。

しかし、話し始めると、チャベスの表情は一変した。クーデター未遂事件から間もないこともあり、政権転覆を図った国軍将校を猛烈に批判し、自身の政権運営に限りない自信を見せた。あまりに長い返答をさえぎって、次の質問に移ろうとした筆者に「言うことを言わせてくれ」と制止し、まくし立てていた。その形相は、いつもテレビで目にする「強権」のイメージそのままだった。筆者は、中南米・カリブ海の多くの大統領や首相にインタビューを行ったが、チャベスほど「二面性」を併せ持つ人物を見たことがない。それが混乱の遠因になっていると感じたほどだ。中南米を代表する作家、ガルシア・マルケスも、初めてチャベスと語りあった時の思い出として、「マスコミが言うような独裁者の印象はなかった。一体、どちらが本当なのだろうか」と振り返っている。

国内外に波紋を巻き起こしながら、「革命」を進めるチャベスは、九九年の就任時に比べ、より大きな権力を手にしたように思える。就任当時、野党優位だった国会は、今や与党議員が大半を占める。地方自治体の首長や地方議員もチャベス派が独占している。裁判官の任命でも、以前よりも政府の意向が反映されやすくなったし、国営ベネズエラ石油（PDVSA）の運営はチャベスの手中にある。国内で権力基盤を固めながら、国外では安価な石油供給を軸にした積極的な「資源外交」を進める。中南米では折しも、左派政権が相次いで誕生しており、他国との連携の中で、米国抜きの中南米統合という〝野望〟の実現に向かっている。さらにチャベスは、第三世界の連携にも積極的で、米国が懸念を深めるイランの核開発まで公然と支持し、国際社会で眉をひそめられている。国内のみならず、国外でも存在感は強まるばかりだ。

中南米の政治・経済は、常に振り子の原理で揺れ動いてきた。冷戦時代に誕生した左派政権は、米国に支援された右派勢力や軍政に打倒されたし、第二次世界大戦後に目立った国家主導の開発経済や、輸入品を国内生産でまかなう代替工業政策は八〇年代以降、民間主体の資本市場経済に取って代わられた。いずれも、政策が行き詰まり、民衆の支持を失う中で、制度や政権の担い手が右から左、左から右へと変化したのだ。

現在の左派政権の潮流も、九〇年代の新自由主義経済（ネオリベラリズム）が多数の民衆に十分な利益をもたらさなかったことへの反動であり、民衆の不満の受け皿として政治の表舞台に立ったに過ぎない。このため、公約に掲げた貧困からの解放、教育・医療の改革、格差是正において実績を挙げることは権力維持の生命線であり、逆に、民衆から期待外れとの烙印を押されれば、世論は左派を権力の座から引きずりおろすだろう。

チャベスの「革命」は現在進行中である。チャベスが、大衆を巧みに扇動する「独裁者」なのか、歴代大統領が放置してきた貧困層の「救世主」なのか、歴史の判定はもう少し先になりそうだ。少なくとも言えることは、ベネズエラのみならず、中南米諸国の未来を占ううえでも、チャベスの本質を見極めていく必要があるということだ。それは、チャベスがベネズエラ近現代史の中で異彩を放ち、中南米の政治・経済に刺激を与え続けているためだ。

また、先住民の血を引くチャベスの闘争には、被支配層が支配層の形成した政治・経済・社会構造の変革に挑むという歴史的な側面も感じられる。日本にとっても、資源や食糧の安定的な供給地として中南米への関心が高まる中、チャベスを知る意味はけっして小さくはない。

最後に、筆者に協力していただいたベネズエラ大統領官邸、バリナス州、チャベス大統領の多くの知人・友人の皆様に感謝するとともに、出版に理解を示された高文研の飯塚直、真鍋かおる両氏に心からお礼を言いたい。

二〇〇六年六月

本間圭一

■『ラテンアメリカ　政治と社会』松下洋・乗浩子編、1993年、新評論
■『フィデル・カストロ　カリブ海のアンチヒーロー』タッド・シュルツ、新庄哲夫編訳
1998年、文藝春秋
■『ラテンアメリカ　統合圧力と拡散のエネルギー』清水透ほか、1999年、大月書店
■『ベネズエラ革命　ウーゴ・チャベス大統領の戦い』伊高浩昭翻訳・解説、2004年、
ＶＩＥＮＴ、現代書館発売
■『革命のベネズエラ紀行』新藤通弘、2006年、新日本出版社
■『チャベス』ウゴ・チャベス、アレイダ・ゲバラ、伊高浩昭翻訳、2006年、作品社
■外務省在ベネズエラ大使館資料
■ル・モンド・ディプロマティック（日本語版）
■坂口安紀『経済自由化の進展と政府・ビジネス関係の変化』

新聞・テレビ・ラジオ

PDVSA al dia, EL MUNDO, el universal, EL NACIONAL, Ultimas Noticias, Tal Cual, GLOBOVISION, VENEVISION, TELEVEN, VENPRES, Radio Caracus、読売新聞、日刊ベリタ

【主要参考文献】（書名、著者名〈一部は編者名〉、刊行年月、出版社名の順）

スペイン語書籍・文献

- *PARA NOSOTROS LA PATRIA ES AMERICA*, Simon Bolivar, 1991/2, Biblioteca Ayacucho
- *FIDEL CASTRO*, Robert E. Quirk, 1993, W.W.NORTON & COMPANY
- *DOCTRINA DEL LIBERTADOR*, Simon Bolivar, 1995/4, Biblioteca Ayacucho
- *HABLA EL CON COMANDANTE*, Agustin Blanco Muñoz, 1998/10
- *CHÁ VEZ la última revolución del siglo*, Leonardo Vivas, 1999/11, Planeta
- *Bolívar*, Emil Ludwig, 2000/4, Editorial juventud
- *1000 Preguntas 1000 Respuestas sobre Simón Bolívar*, Antonio Fernández, 2000/8, Júpiter Editores C.A.
- *La "V" por dentro Caras nuevas, vicios viejos*, William Ojeda, 2001/1, Solar Ediciones
- *Historia clínica del Libertador*, Arturo Guevara, 2001/10, Banco Central de Venezuela
- *Chávez y la Revolución Bolivariana*, Luis Bilbao, 2002/2, LE MONDE diplomatique
- *Un Hombre, Un Pueblo*, Marta Harnecker, 2002/8
- *EL GOLPE DEL 11 DE ABRIL*, Guillermo García Ponce, 2002/9, Segunda Edición Corregida y Aumentada
- *47 HORAS ES MUCHO TIEMPO*, Maritza Plasencia, 2002/9
- *TODO CHÁVEZ*, Eleazar Díaz Rangel, 2002/11, Planeta
- *Puente Llaguno:Hablan las víctimas*, Néstor Francia, 2002/11
- *A LA SOMBRA DEL LIBERTADOR Hugo Chávez Frias y la transformación de Venezuela*, Richard Gott, 2002, Caracus/Venezuela/2002
- *PAJA DE REVOLUCIÓN*, Luis Cabareda, 2003/6, Edición por demanda
- *EL ACERTIJO DE ABRIL*, Sandra La Fuente y Alfredo Meza, 2003/9, Colección Actualidad
- *El Diablo paga con traición*, Luis Pineda Castellanos, 2003/12
- *CHÁVEZ de papel*, José Tomás Angola Heredia etc, 2003, Actum
- *LOS AMANTES DEL TANGO*, Fausto Maso, 2004/3, Coleccion Actualidad
- *INFORME del Coimsario de PDVSA*, Rafael Darío Ramírez Coronado, 2004/4, Ministerio de Energía y Minas
- *Mi testimonio ante la historia*, Pedro Carmona Estanga, 2004/6, Actum
- *EXPEDIENTE NEGRO*, José Vicente Rangel, 2004/8

日本語書籍・文献

- 『ラテン・アメリカを知る事典』1987年、平凡社
- 『概説ラテンアメリカ史』国本伊代、1993年、新評論

11月には２度目の反乱も発生。

■1993　公金横領と不正使用の罪で、ペレス大統領の弾劾が可決。臨時大統領選で、カルデラ元大統領が当選。チャベスは選挙戦へのボイコットを呼びかけた。

■1994･3　チャベスが軍籍剥奪を条件に釈放される。12月にキューバを訪問し、カストロ国家評議会議長の歓迎を受ける。

■1997　チャベスが政治組織「第５共和国運動（ＭＶＲ）」を結成。

■1998･12　大統領選でチャベスが当選。

■1999･2　チャベスが大統領に就任して憲法改正を提案。

■1999･4　憲法制定議会の招集を問う国民投票実施し、招集決定。

■1999･7　制憲議会選が実施され、チャベス派が圧勝。

■1999･12　新憲法案に対する国民投票が実施され、承認される。国名は、「ベネズエラ・ボリバル共和国」に。

■2000･7　新憲法に基づく大統領選が行われ、チャベスが圧勝。

■2000･8　チャベスがイラクを訪問、フセイン大統領（当時）と会談。

■2000･9　ボリバル2000計画が開始。

■2000･10　チャベスが来日。

■2000･11　期限１年間の授権法可決。

■2001･11　授権法に基づき、ロイヤルティーを引き上げる炭化水素法改正や大土地所有を制限する農地改革法など49法が政令で成立。経済団体など反政府デモを本格化

■2002･4　国営ベネズエラ石油の幹部職員解雇に端を発するクーデター未遂事件発生、チャベスが２日間放逐される。

■2002･11　国軍が、反チャベス派が掌握する首都圏警察の主要施設を制圧。

■2002･12　反政府勢力が大統領罷免問う国民投票を求め、無期限ストに突入。産油量は激減したが、03年１月末にスト自壊し、２月に事実上のスト終結宣言。

■2003･11　政権側と反政府勢力の双方が、大統領や国会議員の罷免を問う国民投票の署名集め開始。翌12月に選管当局に署名を提出。

■2004･6　中央選管が、大統領罷免問う国民投票を求める署名が規定以上に達したと発表。

■2004･8　チャベス罷免を問う国民投票が行われ、罷免動議は否決。

■2004･10　地方選でチャベス派がカラカス首都区長官など知事選、市長選に圧勝。

■2005･1　チャベスが大土地所有を規制する政令に署名。

■2005･7　チャベスはスペイン語のニュース専門番組「テレスール」の放送を開始。

■2005･8　地方行政区議会選でチャベス派が８割独占。

■2005･12　国会議員選が行われ、反チャベス派が選挙をボイコット。

■2006･2　ブラジルやアルゼンチンと南米縦断のガスパイプライン建設で合意。

■2006･7　ベネズエラが南米南部共同体（メルコスル）に正式加盟。

■1903　米国の仲介で債務交渉。
■1909　フアン・ビセンテ・ゴメス将軍が大統領に就任（35年に死去）。
■1910　マラカイボ湖で油田発見。
■1916　マラカイボ湖で最初の製油所建設。
■1920年代　チャベスの曽祖父が反乱、捕捉され獄中死。石油輸出額がコーヒー輸出額を抜いて１位となる。
■1941　民主行動党創設。
■1943　炭化水素法制定、国外企業と政府が利益折半を確認。
■1945　ペレス・ヒメネスら軍人愛国同盟が反乱を起こす10月革命勃発。革命評議会が、民主行動党のロムロ・ベタンクールを評議会議長に選出。
■1946　キリスト教社会党創設。ラファエル・カルデラが代表者に。
■1953　ペレス・ヒメネスが再びクーデターで独裁政権樹立。
■1954　チャベスがサバネタで生まれる。
■1958・1　軍が反乱を起こし、ペレス・ヒメネスは国外亡命。軍事評議会が樹立され、民主行動党やキリスト教社会党なども参加。
■1958・12　大統領選が行われ、ロムロ・ベタンクールが勝利し、翌月に２度目の大統領に就任。民主行動党とキリスト教社会党など３党による連立協定「プント・フィホ体制」がスタート。
■1961　ベタンクールがキューバと断交。新憲法制定。
■1962　民族解放戦線（ＦＬＮ）が結成され、軍事組織として、民族解放軍全国司令部（ＦＡＬＮ）設置。ＦＡＬＮは63年から武装闘争開始。
■1963　大統領選で民主行動党のラウル・レオニが当選。
■1968　ラファエル・カルデラ（キリスト教社会党）が大統領選で当選。
■1974　カルロス・アンドレス・ペレス（民主行動党）が大統領選で当選。
■1975　チャベスが陸軍士官学校を卒業、陸軍少尉となる。
■1976　石油関連産業の国有化を公布。国営ベネズエラ石油（ＰＤＶＳＡ）の管理下に置く。
■1978　ルイス・エレラ・カンピナス（キリスト教社会党）が大統領選で当選。
■1981　イレネ・サエスがミス・ユニバースで優勝。
■1983　チャベスが秘密組織「ボリバル革命運動（ＭＢＲ２００）」創設。大統領選では、ハイメ・ルシンチ（民主行動党）が勝利。
■1984　亡命キューバ人のオットー・ライヒが駐ベネズエラ米国大使に任命。
■1988　大統領選でカルロス・アンドレス・ペレス（民主行動党）が２度目の当選。
■1989・2　ガソリン値上げに端を発する抗議行動（カラカソ暴動）が発生。政府の武力鎮圧で死者は数百人。
■1992・2　チャベス率いる反乱軍がペレス政権に対して蜂起、失敗してチャベスは拘束。

❖ベネズエラ史＝略年表❖

■先史　カラカス族やテケ族ら先住民が居住。
■1498　コロンブスが第３次航海で東部パリア半島に上陸。
■1499　スペイン人の探険家アロンソ・デ・オヘダが、西部マラカイボ湖の先住民を見て、ベネチアを連想したため、ベネズエラと命名。
■1520年代　スペイン人による入植地の建設が本格化。ラスカサス神父が布教のため、クマナ（現在のスクレ州都）付近に集落建設。
■1560年代　カラカス族やテケ族ら先住民が反乱。サンティアゴ・デ・レオン・デ・カラカス（現在のカラカス）が建設される。
■1570年代　テレパイマやパラマコニら先住民指導者が死亡し、ベネズエラ中部がスペイン人の支配下に。
■1739　ボゴタを本拠とするヌエバ・グラナダ副王領設置。
■1777　ヌエバ・グラナダ副王領の一部としてカラカスにベネズエラ総督領設置。
■1783　シモン・ボリバルがカラカスで生まれる。
■1806　フランシスコ・デ・ミランダ率いる軍隊がベネズエラに上陸し、独立戦争が事実上開始。
■1811　ミランダ政府がスペインから独立宣言を行い、第１共和制となるが、すぐに崩壊。
■1813　シモン・ボリバルがコロンビアからカラカスに進攻し、第２共和制が開始。
■1814　ラプエルタの戦いでボリバルが敗れ、第２共和制が崩壊。
■1816　ボリバルがハイチの援助を得て再びベネズエラに上陸。第３共和制が開始。
■1819　現在のベネズエラ、コロンビアなど７カ国（一部も含む）にまたがるグラン・コロンビア（大コロンビア共和国）が成立。
■1821　ボリバルがグラン・コロンビアの大統領に選出。
■1830　ベネズエラがグラン・コロンビアから独立。シモン・ボリバルが死去。
■1831　スペイン軍をベネズエラから撤退させたホセ・アントニオ・パエス将軍が初代ベネズエラ大統領に就任。
■1840年代　保守党と自由党の抗争鮮明化、クーデターも頻発。２党は後に連邦戦争で争う。
■1854　奴隷制廃止。
■1859　エゼキセル・サモラ率いる農民軍がサンタイネスの戦いで保守党を破り、内戦が始まる。
■1863　フアン・クリソストモ・ファルコン将軍が大統領に就任して内戦終結。
■1864　新憲法が制定され、「ベネズエラ合衆国」が誕生。
■1873　カラカスを占領したアントニオ・グスマン将軍が大統領に就任。独裁者として約20年間実権を掌握。
■1895　英領ギアナと国境紛争。米国が介入。
■1902　ベネズエラの債務不払いに対し、英独伊の３カ国が艦隊で港湾と海岸を封鎖。

本間圭一（ほんま・けいいち）

1968年、新潟県生まれ。東京大学仏語仏文学科卒業後、92年４月、読売新聞社入社。宇都宮支局を経て、98年８月から２年間、パリに留学。2001年７月～2004年９月、ブラジル・リオデジャネイロ支局。

著書：『南米日系人の光と影――デカセギから見たニッポン』（随想舎）、『パリの移民・外国人――欧州統合時代の共生社会』（高文研）

◎記事中、撮影・提供者の明示のない写真はすべて著者が撮影した写真

◎写真の説明文の最後に※印の付いている写真は下記のドキュメンタリー作品から引用しました。

Pictures taken from the documentary “La revolución no sera trasmitida（革命は放映されない）”
Coutesy of A Power Pictures 2002 Production
www.chavezthefilm.com

装丁＝商業デザインセンター・松田礼一

反米大統領 チャベス
――評伝と政治思想

●二〇〇六年一〇月 一 日――――第一刷発行

著　者／本間 圭一

発行所／株式会社 高文研
東京都千代田区猿楽町二―一―八
三恵ビル（〒一〇一＝〇〇六四）
電話　03＝3295＝3415
振替　00160＝6＝18956
http://www.koubunken.co.jp

組版／株式会社WebD（ウェブ・ディー）

印刷・製本／株式会社シナノ

★万一、乱丁・落丁があったときは、送料当方負担でお取りかえいたします。

ISBN4-87498-371-5 C0036

〈観光コースでない――〉シリーズ